1777

D0094516

rowohlts monographien

HERAUSGEGEBEN
VON
KURT KUSENBERG

—

HEINRICH VON KLEIST

IN
SELBSTZEUGNISSEN
UND
BILDDOKUMENTEN

—

DARGESTELLT
VON
CURT HOHOFF

ROWOHLT

Dieser Band wurde eigens für «rowohlts monographien» geschrieben
Den dokumentarischen und bibliographischen Anhang bearbeitete Paul Raabe
Umschlagentwurf Werner Rebhuhn

1.–25. Tausend	März 1958
26.–35. Tausend	Februar 1960
36.–40. Tausend	Februar 1962
41.–45. Tausend	November 1962
46.–53. Tausend	September 1963
54.–60. Tausend	Februar 1965
61.–68. Tausend	Juni 1966
69.–73. Tausend	Oktober 1967
74.–80. Tausend	November 1968
81.–85. Tausend	April 1970
86.–90. Tausend	Mai 1971
91.–95. Tausend	Januar 1973

Veröffentlicht im Rowohlt Taschenbuch Verlag GmbH,
Hamburg, März 1958
© Rowohlt Taschenbuch Verlag GmbH, Hamburg, 1958
Alle Rechte an dieser Ausgabe vorbehalten
Gesetzt aus der Linotype-Aldus-Buchschrift
und der Palatino (D. Stempel AG)
Gesamtherstellung Clausen & Bosse, Leck/Schleswig
Printed in Germany
ISBN 3 499 50001 9

INHALT

DAS PHÄNOMEN KLEIST

Heinrich von Kleist ist der Dichter der Wende vom Weltbild der deutschen Klassik zur Gegenwart. Er ist kein Pathetiker und kein Idealist. Welt und Leben haben für ihn keinen bestimmten und bestimmbaren Sinn mehr, sie sind «zerbrechlich», ein Rätsel, eine Verführung. Die sogenannte Wirklichkeit wird von keiner Idee beherrscht oder durchdrungen. Sie ist der unheimliche Partner des einzelnen Menschen. Ihre Gesetze sind verwirrend, wahnhaft und unheimlich, ja bodenlos, und je mehr das deutlich wird, desto einsamer fühlt sich der einzelne Mensch. Es gibt Gott und Götter, aber sie gehören zu dieser Welt und nehmen teil an der Verwirrung der Menschen. Man muß also am Ich festhalten, an seinem Gefühl von sich selber. Alkmene besteht die Auseinandersetzung mit dem Gott, bis dieser sich bewundernd vor seinem Geschöpf beugt. Penthesilea erlebt die Welt als einen qualvollen Weg zum Tode, in dem sie erst reif wird. Der Prinz von Homburg sieht sein eigenes Grab und wird von einem der Klassik unbekannten, existentiellen Schauder geschüttelt, der ihn «frei» macht.

Kleist war sich selbst ein Rätsel. Ein groß angelegter Charakter und Künstler wurde von Skrupeln und Zweifeln langsam zersetzt. Eine Doppelanlage von Keuschheit und Lüsternheit, von Härte und Weichheit, von märchenhafter Verträumtheit und gewaltsamen Entschlüssen hat dazu geführt, daß man seinen Charakter pathologisch genannt hat. Das stimmt soweit, wie der moderne Mensch überhaupt anomal ist, wie Sein und Bewußtsein auseinanderfallen.

Kleist war aus Gründen der Familienüberlieferung anfangs Soldat, wandte sich dann der Literatur zu. Das Nationale hat ihn nie beschränkt, erst der Despotismus einer unerträglich werdenden Militärregierung weckte den Patrioten. Dann allerdings fand er gegen den Feind Worte von so dämonischer Größe, daß der dreißigjährige Kleist als der ideell überlegene Gegenspieler eines Napoleon erscheinen konnte. An diesem Klischee hielt das 19. Jahrhundert fest; Kleist erschien als «der» preußische Dichter, was paradox ist, denn der König hielt Kleist für einen Verräter und Überläufer; der *Prinz von Homburg* durfte in Preußen nicht gespielt werden, weil darin ein General in Ohnmacht fällt.

Kleist war ehrgeizig, er wollte immer das Höchste, er wollte Goethe den Lorbeer vom Kopf reißen, um der größte Dichter zu sein. In mancher Hinsicht hat er Schillers Werk vollendet, Goethesche Intentionen überboten. Goethe wandte sich gegen ihn, weil er spürte, daß dieser junge Mensch Konsequenzen zog, von denen er sich seit Weimar schaudernd abgewandt hatte. Das Selbstzerstörerische war immer lebendig in Kleist, es verführte ihn zu Gedanken an Selbstmord, und schließlich führte er ihn aus. Den Gegenpol bildet sein Bedürfnis nach Ruhe. Jahrelang hoffte er, Bauer werden zu können. Der alte Spruch des Zoroaster gefiel ihm, einen Baum pflanzen, einen Feind töten, ein Kind zeugen, sei eines Mannes am würdigsten. Wo

Kleists Geburtshaus in Frankfurt an der Oder

ist die Einheit dieser Forderungen? Sie liegt über Kleist hinaus, ist jene Anmut, die er suchte und hie und da im Leben gehabt hat. Der wahnwitzige Anspruch wird balanciert durch eine kindhafte Einfachheit, ja Demut.

Gewisse Motive kehren bei Kleist immer wieder, in denen man Symbole seiner ambivalenten Weltsicht sehen darf. So ergriff ihn in Würzburg der Anblick eines gewölbten Torbogens, der statisch dadurch gehalten wird, daß jeder Stein für sich hinabstürzen will. Ein anderes Motiv ist das vom mächtigen Eichbaum, der deshalb fällt, weil der Sturm in seine Krone greifen kann, während der dürre Baum stehn bleibt; dies Motiv kommt in den Briefen, in der *Familie Schroffenstein* und am Schluß der *Penthesilea* vor. Es sind paradoxe Bilder, die im Bereich der Schillerschen Dramatik ebenso sinnlos wären wie bei Goethe. Kleist ist jedoch kein Zyniker und Nihilist geworden, wie so mancher Romantiker, denn er bewahrte sich ein tiefes Gefühl dafür, daß es irgendwo Wahrheit und Reinheit geben müsse. Das macht den unbeschreiblichen Adel seiner Dichtungen aus. Seine Zeugen sind Vers und Stil, Wohllaut der Sprache und Größe des dramatischen Wurfes über alle Wahrscheinlichkeiten hinaus. Alle Kleistschen Helden, das Corpus seiner Dichtungen, überragen das unruhig beschränkte Leben Kleists. So wie die eigene Person

Der siebenjährige Heinrich von Kleist mit seiner Mutter
(Farbige Miniatur auf Elfenbein, von Franz Ludwig Klose)

ihm immer ein Rätsel blieb, kann sein Leben nicht seine Dichtungen erklären. Darum ist die Wissenschaft über Kleist nicht sehr weit gediehen. In den zwanziger Jahren des 20. Jahrhunderts erschienen mehrere Bücher, die das Phänomen groß erfaßten und darstellten.

9

Erst damals begann man zu sehen, daß Kleist kein Klassiker und kein Romantiker war, kein preußisch-patriotischer Heimatautor, sondern einer der ersten modernen Menschen Deutschlands. Heil und Verzweiflung sind ineinander verschränkt, Irdisches und Göttliches sind verfänglich getrennt und geklammert. Davon zeugen so rührende Figuren wie Toni und Käthchen, davon spricht auf seine gewaltsame Art Kohlhaas. Es gibt auf der zerbrechlichen Welt immer wieder Punkte, wo das Paradies sichtbar wird: in der Liebe, und ihr Ort ist die Laube, die Höhle, das Bett, und schließlich — geheimnisvoller und trächtiger als alle — der Tod.

Kleists Frömmigkeit zum Sein war doch auch sein Vertrauen, und das unterscheidet sie vom nackten Pessimismus und Nihilismus des Jahrhunderts nach ihm. Er fand aber keine Worte dafür außer in den Gestalten seiner Stücke, in Alkmene, Penthesilea, Käthchen. Er ist neben Goethe der Dichter tiefer und wahrer Frauen; sie sind die Träger eines meist schlummernden Inbilds der Wahrheit und Reinheit. Früh hatte er sich vom orthodoxen Glauben gelöst; in Dresden und Würzburg hatte er Ahnungen von einem christlichen Vollbild, in seinen größten Dramen berührt er stellenweise so eng die Geheimnisse des Christentums, daß es nicht an Versuchen gefehlt hat, die Wahrheit seiner Dichtungen eine christliche zu nennen. Zweifellos suchte Kleist eine Synthese, die über alle Begriffe geht; er hat sie in *Amphitryon* und *Prinz von Homburg* dichterisch dargestellt.

JUGEND

Die deutsche Literatur kennt zwei Dichter mit dem Namen von Kleist. Sie gehören der gleichen Familie an. Auch Ewald Christian von Kleist, 1715 — 1759, war widerwillig Offizier, auch er hatte eine Braut mit Namen Wilhelmine, die er nicht heiratete, auch er war Dichter. Er ist an den Folgen einer Verwundung gestorben, die er in der Schlacht bei Kunersdorf erlitten hatte. Als Dichter ist er mit Gleim und Lessing befreundet gewesen. Gemessen an Heinrich von Kleist erscheint seine Dichtung liebenswürdig, fast weich, antikisch gewandet. Er gab sein Bestes in wunderbar klingenden, oft reimlosen Idyllen. Die Natur tröstet ihn ebenso wie der Gedanke der Freundschaft. Sein Denkmal schuf Lessing, indem er dem Major Tellheim die Züge des gefallenen Majors von Kleist gab.

Die Familie der Kleists stammt aus Pommern, sie ist ursprünglich wohl slawischer Herkunft. Sie ist eine der größten Offizierssippen des preußischen Staates geworden und hatte schon zur Zeit Heinrich von Kleists zwanzig Generale und Marschälle hervorgebracht. Generalleutnant Franz Kasimir von Kleist war damals märkischer Infanterie-Inspektor und übergab Magdeburg kampflos den Franzosen;

Jugendbildnis Heinrich von Kleists
(Von einem unbekannten Maler. Berlin, Privatbesitz)

die Familienehre schien verletzt, und der Neffe hatte in Österreich darunter zu leiden. Ein Georg Friedrich Otto von Kleist war Direktor der École militaire in Berlin. Des Dichters Vater hieß Joachim Friedrich von Kleist und hatte es zum Kompaniechef in Frankfurt an der Oder gebracht. Er starb im Alter von sechzig Jahren, als sein Sohn Bernd Wilhelm Heinrich elf Jahre alt war. Kleist ist geboren am 18. Oktober 1777.

Der Hauptmann von Kleist war in erster Ehe mit Karoline Luise von Wulfen verheiratet gewesen und hatte von ihr die Kinder Wilhelmine und Ulrike, Kleists Lieblings(halb)schwester. In zweiter Ehe heiratete er Juliane Ulrike von Pannwitz. Die Kinder dieser Ehe hießen: Friederike, Auguste, Heinrich, Leopold und Juliane. Leopold von Kleist, der einzige Bruder des Dichters, nahm als höherer Offizier den Abschied und wurde Postmeister in Stolp in Pommern; seine Nachkommen leben heute noch. Die Familie war unbegütert, hatte aber Einkünfte, die ein standesgemäßes Leben erlaubten. Sie stand ganz in der Tradition der Armee Friedrichs des Großen. Kleists Mutter war achtzehn Jahre jünger als der Vater, sie ist bereits 1793 gestorben, fünf Jahre nach ihrem Mann. Eine Tante übernahm die Führung des Haushalts.

Kleist hat sich später nicht freundlich über die Erziehung im Elternhause geäußert. Sie scheint starr, schematisch, lutherisch-orthodox und unpersönlich gewesen zu sein. Nach dem Tode des Vaters wurde Heinrich zu dem Prediger Catel nach Berlin in Pension gegeben und trat mit fünfzehn Jahren, der Familientradition entsprechend, in das Potsdamer Garderegiment ein. Hier diente er von 1792 bis 1799, und zwar seit 1797 als Leutnant. Als die Mutter starb, erhielt er Urlaub zur Beerdigung; damals wurde der erste erhaltene Brief Kleists, von der Rückreise zu seinem Regiment im März 1793 an die Tante, geschrieben. Das Regiment stand in Frankfurt am Main, es befand sich, im Krieg gegen die französische Revolution, auf dem Rheinfeldzug. Kleist war sechzehn Jahre alt. Sehr lebendig werden die Abenteuer im Postwagen beschrieben. Kleist ist junger Herr, Fähnrich eines berühmten Regiments und daher Weltmann, zugleich noch ein Knabe, der Burgruinen am Wege erklettert. Die Episode von einem Straßenräuber, der hinten auf den Wagen gesprungen war und durch Peitschenhiebe verscheucht wurde, ist ein dramatisches Medaillon. Kleist sieht sehr viel, weiß viel Historisches, empfindet die Landschaft erstaunlich intensiv und kann sie darstellen, aber grammatisch ist sein Deutsch unsicher.

Der Feldzug wurde nach der Belagerung von Mainz mit dem Baseler Frieden beendigt. Das Regiment kehrte in die Garnison Potsdam zurück. Dort trug man steife Kragen, exakte Uniformen, hatte als angehender Offizier von Stand seinen Diener, aber das Leben lief in strengen dienstlichen und privaten Konventionen dahin. Die Umgangssprache war französisch, überhaupt wenn man sich in Gesellschaft von Damen befand. Wie froh mußte Kleist sein, wenn er dem Exerzierplatz einmal entrinnen konnte; solch eine Gelegenheit bot eine mit Freunden unternommene Reise in den Harz, streng inkognito, als Musikanten verkleidet; man behauptete nachher, man habe sein Brot durch Spielen verdient. Kleist hatte mit Kameraden wie Rühle von Lilienstern und Pfuel ein musikalisches Kränzchen und spielte Klarinette. Er war hoch musikalisch, das zeigen seine berühmten Äußerungen über musikalische Theorie. Ein wenig später entstand der *Aufsatz, den sichern Weg des Glücks zu finden, und ungestört, auch unter den größten Drangsalen des Lebens, ihn zu genießen.* Hier sind die fröhlichen Erlebnisse der Harzreise moralisch angewendet. Der Ausdruck ist dem aufgeklärten Jargon verpflichtet. Schon spürt man, wie Kleist entdeckt hat, daß es ihm an naiver Lust zu leben fehlt. Der gepriesene Mittelweg wird schwerlich der des Autors sein — sonst hätte er ihn nicht so eindringlich empfohlen.

Vor allem trieb Kleist damals Mathematik und Geometrie. Das popularwissenschaftliche Schrifttum der Aufklärung liebte die «reinen» Wissenschaften; Kleist dachte über Probleme der reinen Mathematik nach, und hier scheint ihm der Gedanke Qual bereitet zu haben, ob ein Mensch der Überzeugung eines andern mehr als der eigenen trauen solle: *«Ich sage ein d e n k e n d e r Mensch!»* Wer so fragt, für den muß der Soldatenstand problematisch sein, der auf Befehl und blindem Gehorchen ruht. Die Wurzel der Kleistschen Kritik an seinem aus der Familienüberlieferung übernommenen Beruf liegt in ihm selbst. Alle Gründe, die er gegen das Soldatentum anführt, sind Überlegungen eines Herzens, das s e i n e Wahrheit und Selbstverwirklichung will. Von Literatur ist keine Rede, nur Wielands *Sympathien* mag er gelesen haben; sie paßten zu seinem Alter und Empfinden.

In Potsdam verkehrte Kleist vor allem in zwei Häusern, in dem seiner Kusine Marie von Kleist und in dem der Frau Adolphine von Werdeck. Marie von Kleist, sechzehn Jahre älter als ihr Vetter, war eine geborene von Gualtieri. Seit 1792 war sie mit Major Friedrich Wilhelm Christian von Kleist verheiratet, von dem sie nach zwanzigjähriger Ehe schuldlos geschieden wurde. Sie gehörte zum engeren Kreis der Königin Luise und ist später einer der wenigen Menschen geworden, die Kleist geholfen haben. Sie verwandte sich für ihn mehrfach beim König und verschaffte ihm eine kleine Rente, als er mittellos war. Nach Kleists Tode schrieb sie: «An Heinrich Kleist habe ich den Teilnehmer an allen meinen Freuden, an allen meinen Leiden verloren.» Marie von Kleist war eine weit über den Durchschnitt gebildete Frau, ihr hat Kleist die letzten und schönsten Briefe seines Lebens geschrieben.

Die Werdecks gehörten zum Hofadel. Adolphine, eine lebenslustige und wegen ihrer scharfen Zunge in Potsdam gefürchtete Dame (1772 bis 1844), lebte in einer kühlen Ehe mit ihrem Gatten, die 1812 geschieden wurde. Sie scheint Kleist schon vor dem Rheinfeldzug gekannt zu haben, denn man wechselte Briefe. Höchstwahrscheinlich ist sie Gegenstand einer knabenhaften Anbetung gewesen und hat den fünf Jahre jüngeren hitzigen Freund vor den lockeren Mädchen der Soldatenstadt bewahrt. Kleist hat die Beziehung zu ihr immer wieder und über viele Jahre hin aufgenommen, ja gesucht. Im Jahre 1803 machte sie eine größere Reise über Weimar, durch die Schweiz und Oberitalien nach Paris, während welcher Kleist sie mehrfach traf.

Je mehr sich Kleist vom Offiziersberuf distanzierte, desto mehr kam es ihm ideal vor, sich «zum Gelehrten auszubilden» und als Wissenschaftler lehrend oder beamtet tätig zu sein. Aus solchen Überlegungen schrieb er seinem ehemaligen Erzieher Ernst Martini seinen großen Bekenntnisbrief vom 18./19. März 1799. Alles, was er dem zum Freund avancierten ehemaligen Lehrer hier mit der Bitte um Rat vorträgt, ist bereits entschieden, ein Monolog Kleists mit sich selbst. Ähnlich wie diesen Brief müssen wir uns Kleists verlorenes *Ideenmagazin*, sein verlorenes Tagebuch und den gleichfalls verlorenen *Roman meiner Seele* vorstellen [1]. Da heißt es:

«Um Sie aber in den Stand zu setzen, ein richtiges Urteil zu fällen, werde ich etwas weiter ausholen müssen und wiederhole daher meine Bitte um Geduld, weil ich voraussehe, daß der Gegenstand und die Fülle seiner Betrachtung mich fortreißen wird.

Ohne die entfernteren Gründe meines Entschlusses aufzusuchen, können wir sogleich bei dem verweilen, aus welchem er zunächst fließt: bei dem Wunsche glücklich zu sein.

Dieser Grund ist natürlich und einfach und zugleich in gewisser Rücksicht der einzige, weil er im richtigen Sinn alle meine anderen Gründe in sich faßt.

Unsere ganze Untersuchung wird sich allein auf die Untersuchung dieses Wunsches einschränken, und um Sie in den Stand zu setzen, darüber zu urteilen, wird es nötig sein, den Begriff von Glück und

---

[1] Kleist hat nicht nur gewisse Sinnbilder und Bilder mehrfach in zum Teil gleichem Wortlaut verwendet, sondern in seinen Briefen an verschiedene Personen tauchen identische Schilderungen auf. In Briefen und Erzählungen gibt es parallele Stellen und Begriffe, die nicht nur durch ein gutes Gedächtnis zu erklären sind, sondern jeweils abgeschrieben worden sein müssen. Das Substrat dieser Abschriften war das *Ideenmagazin*, das vielleicht identisch ist mit dem Tagebuch.

Heinrich und seine Stiefschwester Ulrike von Kleist
(Miniaturen)

wahrem Vorteil festzustellen. Aber ich stoße hier gleich auf eine
große Schwierigkeit; denn die Begriffe von Glück sind so verschieden,
wie die Genüsse und die Sinne, mit welchen sie genossen werden.
Dem einen ist es Überfluß, und wo, mein Freund, kann dieser Wunsch
erfüllt werden, wo kann das Glück sich besser gründen, als da, wo
auch die Werkzeuge des Genusses, unsere Sinne, liegen, worauf die
ganze Schöpfung sich bezieht, worin die Welt mit ihren unendlichen
Reizungen im Kleinen sich wiederholt. Da ist es auch allein unser Eigentum, es hangt von keinen äußeren Umständen ab; kein Tyrann
kann es uns rauben, kein Bösewicht es stören; wir tragen es mit uns
in alle Weltteile umher.
Diese Betrachtungen, die ich mir häufig und mit Vergnügen wiederhole, entzücken mich bei jeder meiner Vorstellungen von denselben,
weil ich mit ganzer Seele fühle, wie wahr sie sind und wie kräftig sie
meinen Entschluß begünstigen und unterstützen. So übe ich mich unaufhörlich darin, das wahre Glück von allen äußeren Umständen zu
trennen und es nur als Belohnung und Ermunterung an die Tugend
zu knüpfen. Da erscheint es in schönerer Gestalt und auf sicherem
Boden.
Zwar wenn ich so das Glück als Belohnung der Tugend aufstelle,
denke ich mir das erste als Zweck und das andere nur als Mittel. Dabei fühle ich aber, daß in diesem Sinne die Tugend nicht in ihrer
höchsten Würde erscheint, ohne jedoch angeben zu können, wie das
Mißverhältnis in der Vorstellung zu ändern sei. Es ist möglich, daß
es das Eigentum einiger weniger schöneren Seelen ist: die Tugend
allein um der Tugend willen zu lieben . . .»

Ein wenig weiter, im gleichen Brief, heißt es:

«Ich nenne nämlich Glück nur die vollen und überschwenglichen Genüsse, die — um es Ihnen mit e i n e m Zuge darzustellen — in dem erfreulichen Anschauen der moralischen Schönheit unseres eigenen Wesens liegen. Diese Genüsse, die Zufriedenheit unsrer selbst, das Bewußtsein guter Handlungen, das Gefühl unserer durch alle Augenblicke unseres Lebens, vielleicht gegen tausend Anfechtungen und Verführungen standhaft behaupteten Würde sind fähig, unter allen äußeren Umständen des Lebens, selbst unter den scheinbar traurigsten, ein sicheres, tiefgefühltes, unzerstörbares Glück zu gründen. Und verdienen wohl, bei diesen Begriffen von Glück, Reichtum, Güter, Würden und alle die zerbrechlichen Geschenke des Zufalls diesen Namen ebenfalls?»

Ton und Begriff dieser Ausführungen verraten Kleists Unberührtheit, sie entsprechen der Konvention jener Zeit, wo man über Glück und Tugend so gewandt zu konversieren verstand wie heute über technische Dinge. Es ist das Schema einer Welt von gestern. Die deutsch-klassische Humanität galt damals den Schlegel, Tieck, Novalis als geschichtliche Phase, durch die eigene literarische Revolution überholt. Da hielt Kleist noch *«moralische Ausbildung»* für die *«heiligste Pflicht»*, und bald lesen wir in Briefen an die Schwester von seinem *«Lebensplan»*: *«Ohne Lebensplan leben, heißt vom Zufall erwarten, ob er uns so glücklich machen werde, wie wir es selbst nicht begreifen.»*
Die Familie hielt das alles für Theorie. Sie wollte von dem neuen Lebensplan des moralischen Glücksuchers nichts wissen und schlug vor, wenn schon ein Studium, dann ein nützliches zu beginnen, Jurisprudenz oder Volkswirtschaft (damals Kameralia genannt, das Modestudium der Jahrhundertwende. Brentano, Adam Müller, Arnim, Novalis und die Brüder Eichendorff studierten ebenso wie die Brüder Grimm Kameralia und Jus — und nicht etwa Literaturwissenschaft). Kleist stimmte zu. Es war die einzige Möglichkeit, wie man den Uniformrock ausziehen konnte. Er wollte die Menschen nicht merken lassen, was in seiner Seele vorging, welcher «schöneren Eindrücke» sie fähig sei. Damit ist abermals nicht die Dichtung gemeint, sondern die moralische Vervollkommnung des Ich, der Besitz der «Wahrheit», die ihm als ein Abstraktum erschien, die Selbstachtung. Vertraulich gesteht er Ulrike, der einzigen Verwandten, die so etwas hören durfte, sie beide hätten die christliche Religion der Kindheit verloren und müßten eine neue zu gewinnen suchen —: es kann keine andre als die des Glücks der Tugend sein.
Zugleich entdeckt Kleist, daß er schwerfällig spricht, sich nicht so gewandt und rasch, wie er möchte, ausdrücken kann. Er fühlt sich unsicher in Gesellschaft, weil er nicht die rasche Zunge besitzt, wie man sie, um dort zu gelten, haben muß; er vermag das konventionelle Vielreden über alles in einer plaudernden Unterhaltung nicht mitzuma-

chen. Der spätere Aufsatz *Über die allmähliche Verfertigung der Gedanken beim Reden* (1805) stellt ein persönlich durchlittenes Problem dar; aber man sollte nicht schließen, daß Kleist gestottert hätte oder daß gar ein Zungenfehler ihn zu seiner Würzburger Reise bewogen hätte. Die gesellschaftliche Unterhaltung ist weder sachlich wahr, noch kommt das, was man dort sagt, vom Herzen, und deshalb muß sie einen Menschen, der Selbstachtung und sittlichen Ernst will, unbefriedigt lassen. Sein Zweck ist ja nicht Bildung für die konventionelle Gesellschaft. Kleist schreibt an Ulrike:

«Ich sage mir zwar häufig zu meinem Troste, daß es nicht die B i l d u n g f ü r d i e G e s e l l - s c h a f t ist, die mein Zweck

Kleists Jugendfreund J. J. Otto August Rühle von Lilienstern

ist, daß diese Bildung, und mein Zweck, zwei ganz verschiedne Wege nach ganz verschiednen Bildungen führen — denn wenn man z. B. durch häufigen Umgang, vieles Plaudern, durch Dreistigkeit und Oberflächlichkeit zu dem einen Ziele kommt, so erreicht man dagegen nur durch Einsamkeit, Denken, Behutsamkeit und Gründlichkeit das andere usw. Auch soll mein Betragen jetzt nicht gefallen, das Ziel, das ich im Sinne habe, soll für töricht gehalten werden, man soll mich auf der Straße, die ich wandle, auslachen, wie man den Kolomb auslachte, weil er Ostindien im Westen suchte . . .»

Kleist studierte im Herbst 1799, nachdem er den Abschied genommen hatte, in Frankfurt an der Oder. Durch seine Schwestern lernte er die Tochter des Ortskommandanten, Wilhelmine von Zenge, kennen, ein konventionell gebildetes, hübsches Mädchen, und schnell ist er entflammt, sie verloben sich. Ein Dämon gerät an einen Engel. Wilhelmine wird Empfängerin der sonderbarsten Brautbriefe, welche die Literatur kennt, herrlicher Briefe, wo ein junger Mensch, der eben Heinrich von Kleist heißt, über die Braut mit sich redet. Da ist nicht die Rede von Liebe, keine Spur von Sinnlichkeit, es sei denn, sie übersteigere sich grotesk im Zweifel an dieser Liebe.
Wie will e i n Gefühl, die Liebe, der Liebe eines andern Wesens gewiß werden? Gibt es überhaupt vom Ich einen Weg zum Du? Ist nicht jeder Mensch in sein Ich gesperrt wie in ein Gefängnis? Hier keimen die Konflikte des Dichters der irritierten Liebe:

17

(Der Anfang fehlt) «. . . sichtbar die Zuversicht von Ihnen geliebt zu werden? Atmet nicht in jeder Zeile das frohe Selbstbewußtsein der erhörten und beglückten Liebe? — Und doch — wer hat es mir gesagt? Und wo steht es geschrieben?

Zwar — was soll ich aus dem Frohsinn, der auch Sie seit gestern belebt, was soll ich aus den Freudentränen, die Sie bei der Erklärung Ihres Vaters vergossen haben, was soll ich aus der Güte, mit welcher Sie mich in diesen Tagen zuweilen angeblickt haben, was soll ich aus dem innigen Vertrauen, mit welchem Sie in einigen der verflossenen Abende, besonders gestern am Fortepiano, zu mir sprachen, was soll ich aus der Kühnheit, mit welcher Sie sich jetzt, weil Sie es dürfen, selbst in Gegenwart andrer mir nähern, da Sie sonst immer schüchtern von mir entfernt blieben — ich frage, was soll ich aus allen diesen fast unzweifelhaften Zügen anderes schließen, was anderes, Wilhelmine, als daß ich geliebt werde?

Aber darf ich meinen Augen und meinen Ohren, darf ich meinem Witze und meinem Scharfsinn, darf ich dem Gefühle meines leichtgläubigen Herzens, das sich schon einmal von ähnlichen Zügen täuschen ließ, wohl trauen? Muß ich nicht mißtrauisch werden auf meine Schlüsse, da Sie mir selbst schon einmal gezeigt haben, wie falsch sie zuweilen sind?»

Kleist stellt der Braut Denkübungen folgenden Schemas: «Wenn beide, Mann und Frau, füreinander tun, was sie ihrer Natur nach vermögen, wer verliert von beiden am meisten, wenn einer zuerst stirbt?»

Er stellt die Frage: «Was ist wünschenswerter, auf eine kurze Zeit, oder nie glücklich gewesen zu sein?» und gibt die Antwort selbst. Er will sie bilden in seinem Sinne, sieht im Grunde gar nicht ein Du, dem man sich liebend anvertraut, sondern hält den inneren Monolog mit sich selbst auf ein Wesen zu, das sich nicht wehren kann.

Der *Aufsatz über den sicheren Weg, das Glück zu finden*, ursprünglich für Rühle in Potsdam geschrieben, wurde jetzt fertig gemacht. Er enthält teilweise wörtliche Anklänge an Wielands *Sympathien* und Zitate aus Schillers *Don Carlos*: «Unrecht leiden schmeichelt große Seelen.» Der Leutnant von Kleist hatte Schiller bisher kaum gekannt, jetzt emp-

Wilhelmine von Zenge, Kleists Braut (Scherenschnitt)

fing er starke Wirkungen von ihm. In Berlin kaufte er sich sofort nach Erscheinen den *Wallenstein*. Der Freund, mit dem er eine geheimnisvolle Reise unternehmen will, Brockes, wird sein Posa.

DIE WÜRZBURGER REISE

(Rousseau, Kant)

Der Bräutigam Kleist bewegte sich als Denker auf den Spuren von Wolff, Mendelssohn, Abbt, Iselin und Lessing. Die Aufstellung eines Lebensplans und die Lehre, das Glück ergebe sich für das denkende Individuum zwangsläufig, sind ihre Postulate. Kleist hielt von einem Katheder aus vor den Damen seiner Bekanntschaft Vorträge über diese und ähnliche Themen. Für den asketischen Glückszustand ist nicht der Genuß, sondern die Tugend das Wichtigste. Kleist wußte genau, wie die Welt war und wie man sich in ihr verhielt, er wußte die Verpflichtungen der Eheleute gegeneinander abzugrenzen und säumte auch nicht, die männliche Verpflichtung einzuschränken durch Forderungen, die der Staat an den Mann hat, so «*daß zuletzt der Mann nicht immer glücklich ist, wenn es die Frau ist, die Frau hingegen immer glücklich ist, wenn der Mann glücklich ist*». Sein Eros richtete sich auf die Wissenschaften statt auf die Braut; ein Liebhaber konnte nicht stürmischer bei der Werbung um ein Mädchen verfahren als Kleist um die Wissenschaften warb. Mit einer bestürzenden Eile suchte der durch den Austritt aus dem sozialen Gefüge der Armee heimatlos gewordene Leutnant a. D. eine neue Welt zu zimmern, denn er glitt keineswegs in die Literatur oder Bohème ab. Wenn er schon mit stolzen Überlieferungen gebrochen hatte, dann wollte er eine höhere Welt dafür ertauscht haben, die des Geistes.

Der Zusammenhang der geistigen Natur des Menschen mit seiner tierischen — ein Thema, das der junge Schiller mit akademischer Ausführlichkeit behandelt hatte — war freilich für einen jungen Verlobten nicht befriedigend zu lösen, denn eben diese natürliche Verschränkung und Verklammerung ist Eros' Art. Die asketischen Forderungen stehen in Gegensatz zu den hedonistischen Tendenzen des Zeitalters, deren Dichter Wieland war. Kleist weiß genau, wie er zu handeln hat: die Logik schreibt ihm Formeln für das Denken vor und die Antworten ergeben sich, wenn richtig gefolgt wird, von selbst; daß man schlecht, verkehrt, ja falsch denken könne, war eine gleichsam unfaire Annahme. Der Gegensatz erschöpft sich nicht in dem Begriffspaar Genuß-Pflicht. So wie der Verwandte Ewald von Kleist, der Dichter des friderizianischen Zeitalters, unter dem Zwiespalt von Offizier und Mensch litt, aber Soldat blieb, weil ein armer Edelmann keine Möglichkeiten im zivilen Leben hatte, litt Kleist unter der selbstgewählten Heimatlosigkeit. Daraus erklärt sich die Inbrunst, mit welcher er sich auf Wissenschaft und Philosophie stürzte. Noch war kein Gedanke an Schriftstellerei und Dichtung.

Der Zwiespalt von geistigem und tierischem Wesen, von idealer und körperlicher Liebe, von moralischer Bestimmung und höchst unmoralischer Wirklichkeit, drängte sich Kleist an seinem eigenen Leibe auf. Mitte August des Jahres 1800 unternahm er eine geheimnisvolle Reise. Er schrieb an Ulrike:

«Ich suche jetzt zunächst einen edeln weisen Freund auf, mit dem ich mich über die Mittel zu meinem Zwecke beraten könne, indem ich mich dazu zu schwach fühle, ob ich gleich stark genug war, den Zweck selbst unwiderruflich festzustellen.

Wärst Du ein Mann gewesen — o Gott, wie innig habe ich dies gewünscht! — wärst Du ein Mann gewesen, — denn eine Frau konnte meine Vertraute nicht werden, — so hätte ich diesen Freund nicht so weit zu suchen gebraucht als jetzt.

Ergründe nicht den Zweck meiner Reise, selbst wenn Du es könntest. Denke, daß die Erreichung desselben zum Teil an die Verheimlichung vor allen, a l l e n Menschen beruht. Für jetzt wenigstens. Denn einst wird es mein Stolz und meine Freude sein, ihn mitzuteilen.

Grüße W. v. Z. Sie weiß soviel wie Du, aber nicht viel mehr. — Schicke mir doch durch die Post meine Schrift über die Kantische Philosophie, welche Du besitzest, und auch die Kulturgeschichte, welche Auguste hat; aber sogleich.

Ich kehre nicht sobald wieder. Doch das alles behältst Du für Dich. Du sollst jedesmal den Ort erfahren, wo ich bin; Du wirst von diesem Vertrauen keinen Gebrauch machen, der der Erreichung meines Zweckes hinderlich wäre.

Sei ruhig. Sei ganz ruhig. — Wenn auch die Hülle des Menschen mit jedem Monde wechselt, so bleibt doch Eines in ihm unwandelbar und ewig: d a s G e f ü h l s e i n e r P f l i c h t.

                              Dein treuer Bruder Heinrich

N. S. Deine Aufträge werden morgen besorgt werden. — Du mußt auf alle Adressen an mich immer schreiben, daß der Brief selbst abgeholt werden wird.»

Über die Motive dieser Reise hat Kleist sich stets geheimnisvoll und rätselhaft geäußert. Der Freund, den er zuerst aufsuchte, war Brockes, ein ehemaliger Kamerad, den Kleist, in einem spätern Brief an die Braut, einen «herrlichen Menschen» nennt. («Er studierte in Göttingen, lernte in Frankfurt am Main die Liebe kennen, die ihn nicht glücklich machte ...»). Mit ihm wollte er nach Wien oder Straßburg reisen, um Heilung von einem Leiden zu suchen, von dem wir nur soviel wissen, daß Kleist meinte, es mache ihn eheuntauglich. Die Freunde kamen jedoch aus pekuniären Gründen nur bis Würzburg, und es zeigte sich, daß die Operation — um eine solche scheint es sich gehandelt zu haben — hier gemacht werden konnte. Die Zumutung an die beiden daheimgebliebenen Mädchen war beinahe dreist: sie sollten Kleist auf sein Wort hin glauben, seinen verschwiegenen Zweck ehren und so seine Achtung erwerben. Er fordert also von

Frankfurt an der Oder

Ulrike und Wilhelmine unbedingte Zustimmung, gegen alle Vernunft und nur aus dem Gefühl. Das ist ein Thema der ersten dichterischen Entwürfe, die hier entstanden, der *Familie Schroffenstein* und der *Penthesilea*.

Kleists Leben, was er dachte und tat, ist aus seinen Niederschriften nur mittelbar zu erschließen. Er tat immer geheimnisvoll, er liebte das Versteckspiel und die Heimlichkeit. Man darf daher seine Aussagen über die Reise nicht pressen, als ob ein wirkliches Geheimnis dahintergesteckt hätte und nicht nur Kleists Heimlichtuerei. Aber blickt man auf die pathologischen Züge, welche Eros in den *Schroffensteinern* und *Penthesilea* hat, deutet man Kleists Lehrwut und Wissenschaftsbesessenheit als Verdrängungen für etwas, was ihm peinlich war und mit der tierischen Seite der Existenz zusammenhing: woher hatte Kleist dann die Distanz zu den Behauptungen über sein Ich, es sei redlich, treu — wenn nicht aus Erfahrungen des Rausches und der Triebe, in denen dies Ich einmal unredlich und untreu gewesen war? Ob er wie Brockes und mit Brockes in Frankfurt, als junger Offizier beim Rheinfeldzug, eine Liebe kennengelernt hat, die ihn nicht glücklich machte? Denn Liebe müßte doch «glücklich» machen!?

In Würzburg erkannte Kleist, daß seine Bestimmung die Dichtung sei. Er begann hier zu schreiben, und zwar nicht mehr Aufsätze und Tagebücher, sondern Poesie. Aber wir wissen nicht, w a s er damals geschrieben hat. Auch darin tat er heimlich und erging sich in spitzfindigen Äußerungen, ohne etwas zu enthüllen. Die Liebe stand im Mittelpunkt seines Denkens, zu Hause in Frankfurt waren die Braut und Ulrike, die beiden Geliebten. Die Doppelpoligkeit der Liebe, das körperliche Phänomen und die geistige Hingabe, Hochzeit und Jungfräulichkeit, sinnliche Schwüle und hoheitsvolle Reinheit, sind die Themen dieser Zeit. In den *Schroffensteinern* sind sie innig, schwarzweiß behandelt, in *Penthesilea* hoheitsvoll. Penthesilea muß erkennen, daß der Körper des Geliebten ihr erst gehören kann, wenn die Seele aus ihm entflohen ist. Eben daß in der Ehe auch der Leib dem andern gehören wird — dies alle puritanisch erzogenen Gemüter quälende Ineinander — hat Kleist in Würzburg ermöglichen wollen. Er schreibt Wilhelmine, er werde nach der Reise ihre «heiligsten Ansprüche» erfüllen können. Darf man daraus schließen, daß er impotent oder venerisch krank war? Der erste Fall scheidet wohl aus, denn ein dreiundzwanzigjähriger Mensch, der die sinnlichen Entkleidungsszenen, den Kleidertausch der Liebenden und die Bekenntnisse der Schroffensteiner dichtete, muß von sinnlichem Feuer gebrannt haben. Auch kann man die Szenen nicht als Träume einer erhitzten Knabenphantasie deuten; Kleist war kein Spätling, sondern eher frühreif. In allen Geschichten und Dramen kommen große Galane vor, die nichts suchen als den Genuß, vom Dorfrichter Adam bis zu Jupiter. Es wäre möglich, daß Kleist auf seinen Feldzügen und Wanderungen in frühen Jahren manche Erlebnisse bestanden hat. Die Krise seines Gemüts könnte sehr wohl durch solche Erlebnisse hervorgerufen worden sein, die er in den Novellen schildert: ein Mädchen kann schön, liebenswürdig, reizend sein und ist ein Luder; moralische Verworfenheit lebt in einem anziehenden Wesen; im Augenblick der höchsten sinnlichen Entzückung holt man sich den Keim einer entehrenden, ja lebenbedrohenden Krankheit. Das sind ausgesprochen Kleistische Paradoxien. Liebe und Erkennen, für den lutherischen Sprachgebrauch Wechselbegriffe, sind für Kleist noch im Mysterium der Amphitryondichtung identisch. Die Liebenden werden erkannt.

Aber man braucht nicht anzunehmen, daß Kleists Leiden peinlicher Natur war. Er liebte die Übertreibung und das Versteckspiel, und so ist am ehesten anzunehmen, daß er Heilung von einer seelischen Hemmung suchte, die sich, geistig bedingt, auf den Körper auswirkte. Der tiefe Schrecken einer wie Penthesilea jungfräulichen Seele vor der körperlichen Liebe schlägt um in Liebesraserei, die dem Geliebten den Tod bringt. Nun schreibt er Wilhelmine:

«In meiner Seele sieht es aus, wie in dem Schreibtisch eines Philosophen, der ein neues System ersann, und einzelne Hauptgedanken auf zerstreute Papiere niederschrieb. Eine große Idee — für Dich, Wilhelmine, schwebt mir unaufhörlich vor der Seele . . . Damals war ich Deiner nicht würdig, jetzt bin ich es. Damals weinte ich, daß Du so gut, so edel, so achtungswürdig, so wert des höchsten Glückes warst: jetzt wird es mein Stolz und mein Entzücken sein. Damals quälte mich das Bewußtsein, Deine heiligsten Ansprüche nicht erfüllen zu können, und jetzt, jetzt — — Doch still!
Jetzt Wilhelmine, werde auch ich Dir mitteilen, was ich mir von dem Glücke einer künftigen Ehe verspreche. Ehemals durfte ich das nicht, aber jetzt — o Gott! Wie froh macht mich das! — Ich werde Dir die Gattin beschreiben, die mich j e t z t glücklich machen kann — — und

Wintertrachten der Studenten in Frankfurt an der Oder (Aquarell, 1805)

das ist die große Idee, die ich für Dich im Sinne habe... Fürchte nicht, daß die beschriebene Gattin nicht von der Erde sein wird, und daß ich sie erst in dem Himmel finden werde. Ich werde sie in fünf Jahren auf dieser Erde finden und mit meinen irdischen Armen umschließen.»

Damals las Kleist Kant, schon in Frankfurt an der Oder hatte er sich mit ihm beschäftigt. Doch lassen die Briefe dieser Monate noch deutlicher den Einfluß eines andern großen Autors erkennen, des Jean-Jacques Rousseau. Parallel mit seiner Lösung von der populären Aufklärungsphilosophie und dem Ideal der Wissenschaft (eine praktische Anwendung sollte sein, den Franzosen die kritische deutsche Philosophie zu vermitteln) ist Kleists Entdeckung des Gefühls, des Gemüts, des Herzens als Grundwert der Seele. Dafür ist Rousseau Kleists Gewährsmann geworden. Sonderbar genug, denn Rousseau predigt zwar Natur und Liebe, den vorgesellschaftlichen Zustand und völlige Freiheit des Ich, aber er hat das Ideal als Wunschbild in die blaue Luft hinein gebaut. Kleist nahm den großen Gedanken naiv und rein auf. Die Natur und die Liebe werden Vehikel zur Sittlichkeit, das Beispiel sind die Menschen in der Einsamkeit der Alpen und ihrer Bergtäler; der natürliche Mensch ist gut, der Mensch der Gesellschaft ist böse. Staat und Kirche, im *Erdbeben in Chili*, sind böse, die von der Gesellschaft Ausgestoßenen, Josephe und Jeronimo, sind gut. Rupert und Sylvester Schroffenstein, die Vertreter der Familie, der Konvention, sind böse; Ottokar und Agnes, die sich gegen das Gesetz der Häuser empören, sind gut. Inmitten des Grauens der Vernichtung feiern sie die paradiesische Liebe ebenso wie Jeronimo und Josephe. Ist die Welt in diesem Schema zu begreifen?
Der Glaube mußte rasch zusammenbrechen, denn Rousseaus Theorie beruht auf der unerfüllbaren Voraussetzung, daß es den von Natur guten, den «natürlichen» Menschen wirklich gebe. Bei Rousseau begeht der Mensch seinen Sündenfall, indem er, die Gesellschaft gründend, den Contrat social schließend, die Natur verläßt. In der Erziehung des Emile wird ein rationales Motiv, die Nützlichkeit, leitend. Noch empfindet Kleist den Widerspruch nicht, emphatisch übernimmt er den von Natur guten, reinen, edlen und harmonischen Menschen.
Kleist überfordert seine Helden und seine Braut ebenso wie die Bücher, von denen er eine Klärung der Begriffe erwartet. Der harmonische Mensch wird unglücklich durch die sozialen Umstände, durch das Eigentum und die daraus entspringenden Leidenschaften des Neides, der Habgier, des Mißtrauens. Das sind die Motive des dramatischen Apparats in den *Schroffensteinern. Käthchen* — erst viel später entstanden, vielleicht jetzt schon konzipiert — enthält das soziale Motiv vom edlen, reinen aber armen Mädchen, das der Graf erst heiraten darf, wenn sie sich als Tochter des Kaisers wird erwiesen haben. Es war ein Irrweg — aber ein Kleistischer, und aus ihm entstanden die Novellen vom *Erdbeben* und vom *Findling*. Bei-

Heinrich von Kleist
(Kopie der Originalminiatur von 1801)

de sind Geschichten von Vergewaltigung und Lüsternheit, welche die Unschuld zu Fall bringen. Hier entspringt ein Mißlingen, das auch Kleists Dramen «in einem sehr verborgenen Sinne» (Muschg) charakterisiert. Es sollte erst in der Gestalt des Doppelgängers überwunden werden, im Adam des *Zerbrochenen Krug* auf grotesk-komische, im Jupiter des *Amphitryon* auf erhaben-komische und im *Homburg* auf tragische Weise.

In Würzburg wurde Kleist von seiner Krankheit geheilt. Körperlich und seelisch fühlte er sich gesund. An Wilhelmine schreibt er, es sei *«der wichtigste Tag unseres Lebens»*. Er war von einem Alpdruck befreit, die enorme Spannung zwischen Schmach und Schönheit, tierischer und geistiger Existenz im Menschen war — für einen Augenblick — aufgehoben. Die Briefe wurden frei. Menschen und Landschaft werden mit andern Augen gesehen. Auch in Nebendingen wie Geldfragen spürte man Entlastung. Kleist hatte 200 Thaler Schulden machen müssen —: doch hätte er, wie er an Ulrike schreibt, auch das Zehnfache gezahlt. Großartig beschreibt er Würzburg in einem Brief vom 11. Oktober 1800. Da ist alles lebendig, Stadt, Fluß und Berge werden handelnde Personen eines kunstvoll komponierten Briefgedichts:

25

«Ich finde jetzt die Gegend um diese Stadt weit angenehmer, als ich sie bei meinem Einzuge fand; ja ich möchte fast sagen, daß ich sie jetzt schön finde — und ich weiß nicht, ob sich die Gegend verändert hat, oder das Herz, das ihren Eindruck empfing. Wenn ich jetzt auf der steinernen Mainbrücke stehe, die das Zitadell von der Stadt trennt, und den gleitenden Strom betrachte, der durch Berge und Auen in tausend Krümmungen heranströmt und unter meinen Füßen wegfließt, so ist es mir, als ob ich über ein Leben erhaben stünde. Ich stehe daher gern am Abend auf diesem Gewölbe und lasse den Wasserstrom und den Luftstrom mir entgegenrauschen. Oder ich kehre um, und verfolge den Lauf des Flusses, bis er sich in die Berge verliert, und verliere mich selbst dabei in stille Betrachtungen. Besonders ein Schauspiel ist mir sehr merkwürdig. Gradeaus strömt der Main von der Brücke weg, und pfeilschnell, als hätt er sein Ziel schon im Auge, als sollte ihn nichts abhalten, es zu erreichen, als wollte er es, ungeduldig, auf dem kürzesten Wege ereilen — aber ein Rebenhügel beugt seinen stürmischen Lauf, sanft aber mit festem Sinn, wie eine Gattin den stürmischen Willen ihres Mannes, und zeigt ihm mit edler Standhaftigkeit den Weg, der ihn ins Meer führen wird — — und er ehrt die bescheidne Warnung und folgt der freundlichen Weisung, und gibt sein voreiliges Ziel auf und durchbricht den Rebenhügel nicht, sondern umgeht ihn, mit beruhigtem Laufe, seine blumigen Füße ihm küssend —

Selbst von dem Berge aus, von dem ich Würzburg zuerst erblickte, gefällt es mir jetzt, und ich möchte fast sagen, daß es von dieser Seite am schönsten sei. Ich sahe es letzthin von diesem Berge in der Abenddämmerung, nicht ohne inniges Vergnügen. Die Höhe senkt sich allmählig herab, und in der Tiefe liegt die Stadt. Von beiden Seiten hinter ihr ziehen im halben Kreise Bergketten sich heran, und nähern sich freundlich, als wollten sie sich die Hände geben, wie ein paar alte Freunde nach einer lange verflossenen Beleidigung — aber der Main tritt zwischen sie, wie die bittere Erinnerung, und sie wanken, und keiner wagt es, zuerst hinüberzuschreiten, und folgen bei de langsam dem scheidenden Strome, wehmütige Blicke über die Scheidewand wechselnd —

In der Tiefe, sage ich, liegt die Stadt, wie in der Mitte eines Amphitheaters. Die Terrassen der umschließenden Berge dienten statt der Logen, Wesen aller Art blickten als Zuschauer voll Freude herab und sangen und sprachen Beifall, oben in der Loge des Himmels stand Gott. Und aus dem Gewölbe des großen Schauspielhauses sank der Kronleuchter der Sonne herab, und versteckte sich hinter die Erde — denn es sollte ein Nachtstück aufgeführt werden. Ein blauer Schleier umhüllte die ganze Gegend, und es war, als wäre der azurne Himmel selbst herniedergesunken auf die Erde. Die Häuser in der Tiefe lagen in dunkeln Massen da, wie das Gehäuse einer Schnecke, hoch empor in die Nachtluft ragten die Spitzen der Türme, wie die Fühlhörner eines Insekts, und das Klingeln der Glocken klang wie der heisere Ruf des Heimchens — und hinten starb die Sonne, aber

«In der Tiefe liegt die Stadt wie in der Mitte eines Amphitheaters . . .» (Blick auf Würzburg)

hochrot glühend vor Entzücken, wie ein Held, und das blasse Zodiaklicht umschimmerte sie, wie eine Glorie das Haupt eines Heiligen — —»

Da ist kein «Gelehrter» am Sprechen, den die Abstraktion fesselt, sondern ein Dichter, der anfängt, eine höhere Befriedigung in der Kunst zu finden. Alle Voraussetzungen liegen hinter Kleist. Die konkreten Formen der Welt, Berg, Stadt, Fluß, aber auch Menschen, sind der Reichtum eines dichterischen Glaubens geworden.

Ende Oktober war Kleist in Berlin zurück und suchte beim Minister Struensee um die Erlaubnis nach, den Sitzungen der technischen Deputation beiwohnen zu dürfen; er wünschte eine Stellung als Volkswirtschaftler im preußischen Wirtschaftsministerium, doch im November klagt er der Braut bereits, es sei ihm unmöglich, Beamter zu werden:

«Ich soll tun, was der Staat von mir verlangt, und doch soll ich nicht untersuchen, ob das, was er verlangt, gut ist. Zu seinen unbekannten Zwecken soll ich ein bloßes Werkzeug sein — ich kann es nicht.»

Er schlägt der Braut vor, mit ihm gemeinsam zu leben, er wolle, was ihnen zum Unterhalt etwa noch fehle, durch Unterricht hinzuverdienen. Ist es eine Schande, die vornehme Lebensart aufzugeben? Auch Shakespeare war Pferdejunge und ist der größte Dichter der Neuzeit geworden! Kleist will mit Wilhelmine in die französische Schweiz ziehen. Dort könne man vom Unterricht der deutschen Sprache leben, außerdem glaubt Kleist, die Franzosen hätten ein brennendes Interesse an der «neuesten Philosophie», der Kantischen.

Er verlangte zuviel von der in Konventionen erzogenen Generalstochter. Als Kleist ihr jetzt antrug, unter bescheidenen Verhältnissen mit ihm zu leben, erschrak sie und konnte weder ja noch nein sagen. Kleist reiste wieder nach Berlin und vergrub sich in das Studium Kants, bis parallele Briefe vom 22. und 23. März 1801 an Wilhelmine und Ulrike kamen, deren Inhalt den Damen «schrecklich» erscheinen mußte. Er schrieb an Wilhelmine:

«Vor kurzem ward ich mit der neueren sogenannten Kantischen Philosophie bekannt — und Dir muß ich jetzt daraus einen Gedanken mitteilen, indem ich nicht fürchten darf, daß er Dich so tief, so schmerzlich erschüttern wird als mich. Auch kennst Du das Ganze nicht hinlänglich, um sein Interesse vollständig zu begreifen. Ich will indessen so deutlich sprechen als möglich.
Wenn alle Menschen statt der Augen grüne Gläser hätten, so würden sie urteilen müssen, die Gegenstände, welche sie dadurch erblickten, s i n d grün — und nie würden sie entscheiden können, ob ihr Auge ihnen die Dinge zeigt, wie sie sind, oder ob es nicht etwas zu ihnen hinzutut, was nicht ihnen, sondern dem Auge gehört. So ist es mit dem Verstande. Wir können nicht entscheiden, ob das, was wir Wahrheit nennen, wahrhaft Wahrheit ist, oder ob es uns

nur so scheint. Ist das letzte, so ist die Wahrheit, die wir hier sam-
meln, nach dem Tode nicht mehr — und alles Bestreben, ein Eigen-
tum sich zu erwerben, das uns auch in das Grab folgt, ist vergeb-
lich.
Ach, Wilhelmine, wenn die Spitze dieses Gedankens Dein Herz nicht
trifft, so lächle nicht über einen andern, der sich tief in seinem hei-
ligsten Innern davon verwundet fühlt. Mein einziges, mein höchstes
Ziel ist gesunken, und ich habe nun keines mehr —» [1]

Da Kleist glaubte, daß hienieden keine Wahrheit zu finden sei, rührte
er kein Buch mehr an; das Wissenschaftsideal war zerstört und noch
mehr —: der Glaube, dies Leben habe für ein Jenseits Sinn und
Bedeutung, und noch mehr —: der Kern der Erkenntnis und damit
die Verantwortlichkeit der sittlichen Person.
Wilhelmine von Zenge hat wenige Jahre später den unbedeutenden
Nachfolger Kants auf dem philosophischen Lehrstuhl in Königsberg
geheiratet, Professor Krug. In einem langen Brief schilderte sie Krug
ihr Verhältnis zu Heinrich von Kleist. Sie hat ihn nicht geliebt. Anfangs hatte ihr der Bruder Leopold besser gefallen, denn Heinrich
«war sehr melancholisch und finster und sprach sehr wenig». Sie
habe sich überrumpelt gefühlt, als Heinrich ihr eines Abends statt
des erwarteten Aufsatzes über die Hauptregeln der deutschen Sprache,
die er den besser französisch als deutsch parlierenden Damen der
Frankfurter Gesellschaft beibringen wollte, einen Liebesbrief übergab. Schließlich habe sie seinem Drängen nachgegeben und ihn
schätzen gelernt. Seine Ideale, seine auch von den akademischen
Lehrern bewunderte geistige Fassungskraft und sein erhabener Begriff von Sittlichkeit steckten sie an: sie habe versucht, seinem Ideal
nahezukommen.

DIE WELT ALS KATASTROPHE

(Die Familie Schroffenstein)

Den Niederschlag der Probleme findet man in der *Familie Schrof-*
fenstein, Kleists erstem Drama. Was er aus Rousseau und Kant her-
ausgelesen hat, war sein eigenes Problem; bei den beiden Philosophen hatte er ein rationales Schema dafür angetroffen, was seine
eigene Desillusionierung des Seins gewesen war. Das Drama ist unvergleichlich mehr als Hülse, als die dramatische Verkleidung von
Ideen, es ist dichterische Gestalt. Die Blindheit der beiden Familien-
häupter, von denen das eine sich schließlich, ohne es zu sein, für
einen Mörder ausgibt, ist eine Spiegelung der Kleistschen Erfahrung,

---

[1] Das berühmteste Echo auf diesen Brief steht bei Nietzsche in der dritten *Un-*
zeitgemäßen Betrachtung, wo die Kleistschen Kernsätze wörtlich wieder-
kehren.

daß die Wirklichkeit uns ständig über den wahren Charakter des Seins täuscht. Alle Figuren werden getäuscht, so daß schließlich die Väter die eigenen Kinder umbringen.

Sicherheit der Erkenntnis hatte Kant ebenso wie Kleist gesucht. Kant hatte gefragt, welche Erkenntnismittel in uns bestehen müßten und in welcher Weise und Zusammensetzung sie wirken müßten, damit z. B. mathematische Erkenntnisse, das Kausalgesetz, praktische Erfahrungen und die Axiome der Naturbetrachtung unbezweifelbare Gültigkeit besitzen.[1] Kant war kein radikaler Revolutionär, der an allem grundsätzlich zweifelte, sondern er untersuchte die Voraussetzungen unserer Erfahrung, nicht etwa die Legitimität der Erkenntnis überhaupt. Kant hat sich nie mit dem Problem des Irrtums und seiner Möglichkeit auseinandergesetzt. Seine Lehren kreisen wie der Sensualismus und Rationalismus des aufgeklärten Jahrhunderts — die auch Kleists Bildungsgrundlage bildeten — um die Verhältnisse der seelischen Kräfte zueinander. Die Mathematik ist deshalb möglich, weil es Erkenntnisse von so allgemeiner und notwendiger Art gibt, daß sie nicht aus der Erfahrung stammen können.

Was Kleist bei Kant vermutlich nicht richtig aufgefaßt hat, ist der heuristische Charakter der von Kant eingeführten Kategorie des «Als ob»; er ist den Kantischen Weg nicht zu Ende gegangen, der darauf hinausläuft, die Erfahrung von der Wirklichkeit mit neuen Mitteln zu begründen. Er blieb bei einem Verständnis, das zu seiner eigenen Lebensstimmung paßte, stehen, nämlich der Ungewißheit, Unsicherheit und Doppeldeutigkeit aller Phänomene einerseits und dem trügerischen Charakter unserer Vernunft und der Gefühle andererseits. Wem darf man vertrauen, sich selbst, dem Nächsten, dem Gefühl, der Erkenntnis? Es ist keineswegs so, als habe ihm erst Kant die Augen geöffnet. Schon wenige Wochen später schreibt er beinah spottend über die Verwirrung, welche die Kantische Philosophie ihm im März 1801 bereitet hatte. Nicht also die Philosophie Kants hat ihn erschüttert, sondern die dort gefundene Formulierung für sein eigenes Erlebnis — oder was er dafür hielt.[2] Die Erfahrung steckt in der *Familie Schroffenstein*.

Das Drama hieß zuerst *Die Familie Ghónorez*, und der Schauplatz lag in Spanien. L. Wieland riet, die Handlung nach Deutschland zu verlegen und als Zeit das damals moderne ritterliche Mittelalter erscheinen zu lassen. Zwei Linien der gleichen Familie haben einen gegenseitigen Erbvertrag, der die Atmosphäre verdorben hat. Sie verdächtigen sich des gegenseitigen Meuchelmords an Kindern. Zwar sind die Geständnisse der Mörder auf der Folter erpreßt,

[1] Vgl. Georg Simmel, Kant. München, Leipzig 1924. S. 14 ff.

[2] Man hat sogar gezweifelt, ob es wirklich ein «Kant-Erlebnis» gewesen sei, das Kleist schildert. Ernst Cassirer (Heinrich von Kleist und die Kantische Philosophie. Berlin 1919) vertrat die These, Kleist habe Kant nur aus zweiter Hand gekannt, und nicht Kant, sondern Fichte gelesen.

zwar weiß niemand Genaues, doch auch die Wohlwollenden unter den Familienmitgliedern müssen annehmen, daß alle Bosheit von der andern vetterlichen Linie komme, welche die Vernichtung der eigenen plane. Die Einbildung ist stärker als die Wahrheit, der Schein stärker als das Sein. So beginnt das Stück mit dem gotteslästerlichen Schwur der Rossitzer Schroffensteiner, sich blutig für einen angeblichen Mord der Warwander Schroffensteiner zu rächen. Jeronimus, der zu vermitteln suchte, fällt selbst einem Anschlag zum Opfer: den ehrlichen Makler betrachtet man als einen von der Gegenseite gekauften Lumpen. Mit furchtbarer Parallelität eilt die Handlung dem Ende zu. Zwischen Agnes aus dem Haus Warwand und Ottokar aus dem Haus Rossitz, die sich als Unbekannte lieben, scheint der Streit der Häuser überwunden zu sein. Doch die Väter erstechen, heimlich dem Kind des Feindes auflauernd, jeweils das eigene, denn Agnes und Ottokar haben die Kleider getauscht. Die Versöhnung über den Leichen der Liebenden kommt zu spät.

Das Stück wird in einer unheilschwangern Welt in Gang gebracht, es hat einen schicksalhaften Zug zum Verhängnis, formal könnte man es als Schicksalstragödie bezeichnen. Bosheit und Verblendung sind so groß, daß der Ausweg der Liebenden — den Haß durch Liebe zu überwinden — etwas rührend Aussichtsloses hat. Was auf der einen Seite wie Unschuld aussieht, muß auf der anderen als Schuld erscheinen. Solche Verhältnisse werden fast spiegelbildlich reflektiert:

JERONIMUS.   *Haut mir*
    Die Hand ab, wenn ich sie meineidig hebe;
    Unschuldig ist Sylvester!
EUSTACHE.   *Soll ich dir*
    Mehr glauben als den Tätern, die es selbst
    Gestanden?
JERONIMUS.   *Nun, das nenn' ich wieder spaßhaft;*
    Denn glauben soll ich doch von euch, daß ihr
    Unschuldig, ob es gleich Johann gestanden.
EUSTACHE.
    Nun, über jedwedes Geständnis geht
    Mein innerstes Gefühl doch. —
JERONIMUS.   *Grad' so spricht Sylvester,*
    Doch mit dem Unterschied, daß ich's ihm glaube.

Jeder ist befangen in seiner Meinung vom andern und hält Meinung für Wahrheit. Durch dies für die klassische Zeit ungewohnte dialektische Schema schimmert das Neue, die moderne Bewußtseinsspaltung. Sie führt sich mit blutrünstiger Ironie ad absurdum. Schließlich wird man sich, in der Verwirrung aller Gefühle, selbst zum Rätsel und flüchtet in die Verhärtung, in grausame Befehle an Untergebene, die ebenso schnell ausgeführt wie bereut werden: auch das ein peinlich moderner Zug.

31

Ausdruck des gequälten Weltverhältnisses sind Kleists Sprache, ihre hastigen Stichomythien, die Bilder der Rätselhaftigkeit des Seins, die Metaphern der Verzweiflung. Der Gott über dieser Welt ist durch seine Abwesenheit schrecklich. Die Menschen glauben an die Instanz des Gefühls in ihrem Innern. Agnes glaubt an ihre Liebe zu Ottokar, und in der Liebe scheint die «Sonne aufzugehen»:

> Nun wohl, 's ist abgetan. Wir glauben uns.
> — O Gott, welch eine Sonne geht mir auf!
> Wenns möglich wäre, wenn die Väter sich
> So gern, so leicht, wie wir, verstehen wollten!

Aber auf ein gleich untrügbares Gefühl berief sich auch Eustache, die Frau des Grafen Rupert, ebenso Graf Warwand —: und beide irrten sich! Was ist denn das eine Gefühl über allen, das Eustache ihrem Mann vorhält, das Rechtsgefühl, als sie ihn einen Mörder nennen muß? Es ist zu spät; die Männer können den Weg nicht zurück gehen, und zu Anfang waren es die hassenden Weiber, welche die Männer auf den Weg des Verderbens drängten.

In der *Familie Schroffenstein* sind Kleists sämtliche dramatische Themen angeschlagen: Kohlhaas mit seinem übersteigerten Rechtsgefühl, Käthchen mit dem traumhaft sichern Liebesgefühl. Agnes ist eine jüngere Schwester Käthchens, wenn sie Anfang des 2. Akts in einer Gebirgshöhle Kränze flicht und den Jüngling, der anwesend ist, anredet, als sei er abwesend. Die Poesie der Stelle gehört zum ersten Zusammenbruch Agnes':

> Nun ist's gut.
> Jetzt bin ich stark. Die Krone sank ins Meer,
> Gleich einem nackten Fürsten werf ich ihr
> Das Leben nach. Er bringe Wasser, bringe
> Mir Gift, gleichviel, ich trink es aus, er soll
> Das Ungeheuerste an mir vollenden.

Ihrem Gefühl korrespondiert der Überschwang Ottokars in seiner teils schwülen, teils paradiesisch unschuldigen Rede. Hier ist bereits das Werk der Liebesraserei, *Penthesilea*, angekündigt.

Trotzdem ist die *Familie Schroffenstein* nicht das Werk eines Anfängers. Technisch, als gebautes Stück, ist sie sogar vorzüglich, denn es gibt keine schleppenden Stellen, und wenn im Grauen zu viel geboten wird, wenn wie bei Shakespeare Scharen von Leichen auf der Bühne liegen, so ist das innerhalb dieser Welt von einer grausamen Folgerichtigkeit. Höhepunkte bilden außer dem Monolog der Agnes ihr Gespräch mit Ottokar am Anfang des 3. Aktes, wo er sagt:

> Deine Seele
> Lag offen vor mir, wie ein schönes Buch,
> Das sanft zuerst den Geist ergreift, dann tief
> Ihn rührt, dann unzertrennlich fest ihn hält.
> Es zieht des Lebens Forderung den Leser

> *Zuweilen ab, denn das Gemeine will*
> *Ein Opfer auch; doch immer kehrt er wieder*
> *Zu dem vertrauten Geist zurück, der in*
> *Der Göttersprache ihm die Welt erklärt,*
> *Und kein Geheimnis ihm verbirgt als das*
> *Geheimnis nur von seiner eignen Schönheit,*
> *Das selbst ergründet werden muß . . .*

Zu den Höhepunkten gehören die Auseinandersetzung des Rupert mit Eustache und der Schluß des Dramas, vor allem die Szene Sylvesters und Theistiners nach der Mordtat an der eigenen Tochter, die sie für Ottokar halten. An dieser Stelle kommt die Größe Guiskards bereits zum Vorschein, das Schicksalsthema; es gibt hier Zeilen, die der späte Hölderlin geschrieben haben könnte:

> *Des Lebens Güter sind in weiter Ferne . . .*

Das Grundgefühl des Dichters spricht sich elegisch über die Tragödie des Menschengeschlechts aus:

> *Laß einen Augenblick mich ruhn. Es regt*
> *Sich sehr gewaltig die Natur im Menschen,*
> *Und will, daß man, gleich einem einz'gen Gotte,*
> *Ihr einzig diene, wo sie uns erscheint.*
> *Mich hat ein großer Sturm gefaßt, er beugt*
> *Mein wankend Leben tief zur Gruft. Wenn es*
> *Nicht reißt, so steh ich schrecklich wieder auf,*
> *Ist der gewaltsam erste Anfall nur*
> *Vorüber.*

So redet und spricht kein Anfänger. Der Genius des Dichters Kleist ist da, wie Athene aus dem Haupt des Vaters kam, in voller Waffenrüstung. Es fehlt nur der Theatermann, der den dichterischen Parallelismus des großen Stückes auf eine Bühne bringen kann. Kleists Sprache füllt den Jambus, es gibt keine leeren Stellen, keine Füllwörter. Was dem Stück fehlt, ist die innere Freiheit des Dichters; er steht nicht über, sondern in dieser Welt.

Der Schriftsteller
J. H. D. Zschokke
(1771 — 1848)

Ludwig Wieland und Heinrich Zschokke wurde das Drama im Winter 1801/2 fertig vorgelesen. Zschokke berichtet: «Als uns Kleist eines Tages sein Trauerspiel *Die Familie Schroffenstein* vorlas, ward im letzten Akt das allseitige Gelächter der Zuhörerschaft, wie auch des Dichters, so stürmisch und endlos, daß bis zu seiner letzten Mordszene zu gelangen, zur Unmöglichkeit wurde. Wir vereinten uns auch, wie Virgils Hirten, zum poetischen Wettkampf. In meinem Zimmer hing ein französischer Kupferstich, *La cruche cassée*. In den Figuren desselben glaubten wir ein trauriges Liebespärchen, eine keifende Mutter mit einem zerbrochenen Majolikakruge und einen großnasigen Richter zu erkennen. Für Wieland sollte dies Aufgabe zu einer Satire, für Kleist zu einem Lustspiele, für mich zu einer Erzählung werden. Kleists *Zerbrochner Krug* hat den Preis davongetragen.» [1] Der Umschlag vom Grotesken ins Komische könnte nicht schöner belegt werden.

PARIS UND DIE SCHWEIZ

(Robert Guiskard)

Kleist nahm die *Familie Schroffenstein* mit, als er sich auf seine erste Auslandsreise begab. Unter seinen Novellen- und Dramen-Entwürfen war, neben flüchtigen Konzeptionen des *Käthchen* und der *Penthesilea*, ein Normannenstück, zu dem er in Paris historische Studien treiben wollte. Die Liebesszenen der *Familie Schroffenstein* dürften erst in Paris entstanden sein. Inzwischen hatte Kleist nämlich, nach Wieland und Schiller, den bedeutendsten Autor der deutschen Literatur intensiv gelesen, ja studiert, Goethe. 1797 war *Hermann und Dorothea* erschienen. Hier war das Thema von der Überwindung zeitlicher Nöte durch die Liebe überzeugend durchgeführt.

Kleist wollte Berlin verlassen; in der technischen Abteilung des Ministeriums, unter dem Direktor Kuhnt, hatte er sich über den pedantischen Gang der Geschäfte geärgert und fühlte sich durch den Dienst terrorisiert. Als der Vorgesetzte ihm eines Tages auftrug, ein mehrbändiges technisch-wissenschaftliches Werk zu lesen und darüber zu referieren, faßte er den Entschluß, das Ministerium zu verlassen. Wohin, wußte er freilich nicht. Ulrike sollte Geld bringen, er selbst beantragte einen Paß und antwortete erst auf die Frage des Beamten, was der Zweck der Reise sei, er müsse seine chemisch-physikalischen Studien in Paris, der Hauptstadt dieser Disziplin, abschließen. Daß aus dem Studium nicht viel werden konnte, ist deutlich; es ist einer der Gründe, wegen deren sich Kleist später nach Berlin zu gehen lange genierte, denn allzu laut hatte er ge-

---

[1] Heinrich Zschokke, Eine Selbstschau. Aarau 1853. I, S. 173.

sagt, das Studium dränge, und er hatte den Leuten Hoffnung gemacht, er werde als Gelehrter wiederkommen.

Im April 1801 reiste er mit Ulrike ab, Leipzig war die erste Station. Anfang Mai war man in Dresden. In den Sammlungen setzte Kleist einen Kunstsachverständigen durch reife und überlegene Urteile über bildende Kunst in Erstaunen. Er beneidete die jungen Künstler der Akademie und war froh zu hören, daß Wouwerman, den er ungemein schätzte, erst in seinem vierzigsten Lebensjahr ein Künstler geworden sei. Er sah und lebte als künstlerischer Mensch und schrieb der zurückgebliebenen Braut:

«Nichts war so fähig, mich so ganz ohne alle Erinnerung wegzuführen von dem traurigen Felde der Wissenschaft, als diese in dieser Stadt gehäuften Werke der Kunst. Die Bildergalerie, die Gipsabgüsse, die Antikenkabinette, die Kupferstichsammlung, die Kirchenmusik in der katholischen Kirche, das alles waren Gegenstände, bei deren Genuß man den Verstand nicht braucht, die nur allein auf Sinn und Herz wirken. Mir war so wohl bei diesem ersten Eintritt in diese für mich ganz neue Welt voll Schönheit. Täglich habe ich die griechischen Ideale und die italienischen Meisterstücke besucht, und jedesmal, wenn ich in die Galerie trat, stundenlang vor dem einzigen Raphael dieser Sammlung, vor jener Mutter Gottes gestanden, mit dem hohen Ernste, mit der stillen Größe, ach Wilhelmine, und mit Umrissen, die mich zugleich an zwei geliebte Wesen erinnerten.»

In Dresden empfing er einen nachhaltigen Eindruck von der katholischen Welt, über die er in Würzburg noch gespottet hatte. Das

Dresden. Blick über die Elbe auf die Altstadt (Gemälde von Kuehl, Ausschnitt)

Erlebnis der Kirchenmusik inspirierte ihn zu der Erzählung *Die heilige Cäcilie oder die Gewalt der Musik*. Traten im *Findling* und im *Erdbeben* noch antiklerikale Züge hervor, so sind es jetzt die Bilderstürmer, welche durch die Gewalt der Musik von ihrer Untat abgehalten werden und den frevelhaften Plan der Kirchenschändung mit Wahnsinn büßen. Im gleichen Brief beklagt sich Kleist über die Kälte des heimischen Gottesdienstes. Von dem messelesenden Priester heißt es:

«Mitten vor dem Altar, an seinen untersten Stufen, kniete jedesmal, ganz isoliert von den andern, ein gemeiner Mensch, das Haupt auf die höheren Stufen gebückt, betend mit Inbrunst. Ihn quälte kein Zweifel, er g l a u b t — Ich hatte eine unbeschreibliche Sehnsucht, mich neben ihn niederzuwerfen und zu weinen — Ach, nur einen Tropfen Vergessenheit, und mit Wollust würde ich katholisch werden —. Doch davon wollte ich ja eben schweigen. —»

Auch gesellschaftlich fanden die Geschwister in Dresden Anschluß. Kleist befreundete sich mit dem Maler Heinrich Lohse und dessen späterer Frau Karoline von Schlieben. An sie sollte er einige Wochen

«Vor jener Mutter Gottes mit dem hohen Ernste, mit der stillen Größe . . .» (Raffaels «Sixtinische Madonna» in Dresden, Ausschnitt)

darauf einen Brief aus Paris schreiben, in dem er Dresden seine «Heimat» nannte. In Halberstadt wurde der alte Gleim besucht. Freilich beruhte die Beziehung auf einem Irrtum. Kleist schreibt:

Der «Dichtervater» Ludwig Gleim (1719 — 1803)

«*In Halberstadt besuchten wir Gleim, den bekannten Dichter, einen der rührendsten und interessantesten Greise, die ich kenne. An ihn waren wir zwar durch nichts adressiert als durch unseren Namen; aber es gibt keine bessere Adresse als diese. Er war nämlich einst ein vertrauter Freund Ewald Kleists, der bei Frankfurt fiel. Kurz vor seinem Tode hatte dieser ihm noch einen Neffen Kleists empfohlen, für den jedoch Gleim niemals etwas hatte tun können, weil er ihn niemals sah. Nun glaubte er, als ich mich melden ließ, ich sei es, und die Freude, mit der er uns entgegenkam, war unbeschreiblich. Doch ließ er uns es nicht empfinden, als sich getäuscht, denn alles, was Kleist heißt, ist ihm teuer.*»

Die Geschwister reisten in eigener Kalesche mit einem Kutscher und zwei für diesen Zweck gekauften, ausgedienten, polnischen Husarenpferden. Über Göttingen erreichten sie den Rhein und unternahmen von Mainz mit dem Schiff einen Abstecher nach Köln. Über Mannheim und Straßburg kamen sie Anfang Juli, gerade zur Erinnerungsfeier der Großen Revolution, nach Paris. Vom ersten Augenblick an mißfiel Kleist die Riesenstadt. Er fand sie matt, fad, volkreich, so daß man die Menschen vergaß, wenn sie um die Ecke waren. Die Bewohner nannte er allzu zierlich-gewitzt, um wahr zu sein. Wilhelm von Humboldt war der rechte Mann, um den jungen Preußen in die wissenschaftliche Welt einzuführen. Doch Kleist klagte: «*Die Menschen sprechen mir von Alkalien und Säuren, indessen mir ein allgewaltiges Bedürfnis die Lippe trocknet.*»

«*O ich kann Dir nicht beschreiben, welchen Eindruck der erste Anblick dieser höchsten Sittenlosigkeit bei der höchsten Wissenschaft auf mich machte. Wohin das Schicksal diese Nation führen wird —? Gott weiß es. Sie ist reifer zum Untergange als irgendeine andere europäische Nation. Zuweilen, wenn ich die Bibliotheken ansehe, wo in prächtigen Sälen und in prächtigen Bänden die Werke Rousseaus, Helvétius', Voltaires stehen, so denke ich, was haben sie ge-*

37

nutzt? Hat ein einziges seinen Zweck erreicht? Haben sie das Rad
aufhalten können, das unaufhaltsam stürzend seinem Abgrund ent-
gegeneilt? O hätten alle, die gute Werke g e s c h r i e b e n haben,
die Hälfte von diesem Guten g e t a n, es stünde besser um die Welt.
Ja selbst dieses Studium der Naturwissenschaft, auf welches der
ganze Geist der französischen Nation mit fast vereinten Kräften gefallen ist, wohin wird es führen? Warum verschwendet der Staat
Millionen an alle diese Anstalten zur Ausbreitung der Gelehrsam-
keit? Ist es ihm um W a h r h e i t zu tun? Dem S t a a t e? Ein
Staat kennt keinen andern Vorteil, als den er nach Prozenten be-
rechnen kann. Er will die Wahrheit a n w e n d e n — und worauf?
Auf Künste und Gewerbe. Er will das Bequeme noch bequemer machen, das Sinnliche noch versinnlichen, den raffiniertesten Luxus
noch raffinieren. — Und wenn am Ende auch das üppigste und
verwöhnteste Bedürfnis keinen Wunsch mehr ersinnen kann, was
ist dann —? O wie unbegreiflich ist der Wille, der über die Men-
schengattung waltet! Ohne Wissenschaft zittern wir vor jeder Luft-
erscheinung, unser Leben ist jedem Raubtier ausgesetzt, eine Gift-
pflanze kann uns töten — und sobald wir in das Reich des Wissens
treten, sobald wir unsre Kenntnisse anwenden, uns zu sichern und
zu schützen, gleich ist der erste Schritt zu dem Luxus und mit ihm
zu allen Lastern der Sinnlichkeit getan . . .»

Das ist die Kulturkritik Kleists; zwei Generationen vor Nietzsche
und Burckhardt hat er alle Argumente des europäischen Katzen-
jammers beisammen.
Das Ideal, das er von Welt und Leben im Kopfe trug, mußte von
Paris abgestoßen werden. Am 16. August 1801 kam es zu einem richtigen Greuelbrief über Paris. Wie die beiden Burgen sich in der
Familie Schroffenstein feindlich gegenüberliegen, zwischen denen
einzelne Liebespaare als Boten im Niemandsland pendeln, fällt Kleists
Welt auseinander. Es ist eins der größten Rätsel, wie er bei solcher
Jugend schon so unbedingt in einer eigenen Welt leben, den Knoten
schürzen und lösen konnte! Briefstellen aus Paris zeigen, daß die
Person des Dichters ihre Symbole und Motive ergriffen hatte. Fast
wörtlich klingen Sätze an, die teilweise nach Jahren in Penthesilea
und Hermannschlacht aufgenommen werden: «Die abgestorbene
Eiche, sie steht unerschüttert im Sturm, aber die blühende stürzt er,
weil er in ihre Krone greifen kann.» «Ich begreife nicht, wie ein
Dichter das Kind seiner Liebe einem so rohen Haufen, wie die Menschen sind, übergeben kann.» «Unter den persischen Magiern gab
es ein religiöses Gesetz: ein Mensch könne nichts der Gottheit Wohl-
gefälligeres tun, als dieses, ein Feld zu bebauen, einen Baum zu
pflanzen und ein Kind zu zeugen. — Das nenne ich Weisheit, und
keine Wahrheit hat noch so tief in meine Seele gegriffen als diese.»
In Paris nehmen die Briefe plötzlich den unverkennbaren Ton an.
Auch wenn sie Nebensächliches berühren, spricht Heinrich von Kleist.
In der Rousseauischen Formel, die Stadt sei böse, das Land gut, fand

«Die abgestorbene Eiche, sie steht unerschüttert im Sturm . . .»
(«Krähenhorst an der Küste Rügens», Gemälde
von Caspar David Friedrich. USA, Privatbesitz)

Kleist die Rechtfertigung vor sich selbst, um Paris zu verlassen. Eine Idylle vom Liebespaar, das mitten im Trubel der Volksbelustigung sich eng umschlungen hält, mag Kern der Liebesszene Ottokars mit Agnes geworden sein — sie war es auch für die *Verlobung in San Domingo,* deren erste Fassung auf dem Boden der französischen Revolution spielte. Die Szenen sind Höhlen und Gärten, einsame Häuser und verschlossene Kammern, wohin der Mensch vor der Welt geflohen ist.

Ulrike von Kleist erzählte noch 1828 aus der Erinnerung: «Wir richteten uns in Paris auf ein Jahr ein. Es gefiel aber Heinrich das ganze französische Wesen so schlecht, daß er nicht länger als vier Monate aushielt, und dann nach der Schweiz ging, wo er sich auf einer kleinen einsamen Insel bei Thun in der Aar niederließ, seine Familie Schroffenstein auszuarbeiten. Ich kehrte nach Frankfurt zurück.»[1] Ulrike hatte keine Ursache zu erzählen, daß sie sich mit Heinrich ernstlich gestritten hatte. Das enge Zusammenleben hatte beiden nicht gut getan, Kleist hatte erkannt, ein wie problematischer Charakter die Halbschwester war. Ulrike von Kleist war ein intellektueller Typus, ihr fehlte die weibliche Spontaneität des Herzens, sie

---

[1] Biedermann, Kleists Gespräche. Leipzig 1912. S. 56.

Ball am 14. Juli 1801, zur Feier des Bastille-Sturms·

trug, teilweise schon auf der Reise, fast immer in Paris, Männerkleider, und niemand als ein blinder Flötenspieler soll dort ihr Geschlecht erkannt und sie mit Madame angeredet haben. Kleist klagte Wilhelmine sein Leid: «*O es gibt kein Wesen in der Welt, das ich so ehre wie meine Schwester. Aber welchen Mißgriff hat die Natur begangen, als sie ein Wesen bildete, das weder Mann noch Weib ist, und gleichsam wie eine Amphibie zwischen zwei Gattungen schwankt. Auffallend ist in diesem Geschöpf der Widerstreit von Wille und Kraft.*» Sie war eine Männin, die ihr Geschlecht «vergessen» hatte. Ulrikens Charakter hatte Kleist die erste Idee zur *Penthesilea* eingegeben. Nun suchte er sich ihrer Gegenwart taktvoll zu entledigen, doch gelang es nicht, und daraus entwickelte sich eine Spannung, die sich erst löste, als Ulrike abreiste.

Inzwischen hatte Kleist der Braut in Frankfurt abermals den Plan vorgetragen, zu ihm zu kommen und als Bäuerin mit ihm in der Schweiz zu leben. Einige Wochen später kam, kurz vor Kleists Abreise aus Paris, die abschlägige Antwort. Wilhelminens Argument war schlagend: sie fühle sich körperlich den Anstrengungen eines Bauernlebens nicht gewachsen. Noch einmal suchte Kleist sie zu überreden, umsonst. Er reiste in die Schweiz, während Ulrike zur Verwandtschaft nach Frankfurt zurückkehrte. Sie wurde peinlich empfangen. Was sei aus Heinrichs Studien in Paris geworden? Warum lasse er sie allein durch halb Europa reisen? Was solle der lächerliche Plan mit der Landwirtschaft? Auch die Familie von Zenge traute dem Verlobten Wilhelminens nicht mehr: wieso wollte er ein Bauernweib aus der Generalstochter machen? Zu diesen menschlich verständlichen Gründen kamen vermögensrechtliche. Die Reise nach Paris hatte den Vermögensanteil Heinrichs stark verringert. Kleist jedoch beklagte sich, man habe schlecht gewirtschaftet, sprach geradezu von Betrug durch seine Verwandten und verlangte von Ulrike, sie solle durch Abzahlung seiner Schulden jede finanzielle Verbindung mit der Sippe lösen. Die bündige Aufforderung, heimzukehren, lehnte er gereizt ab.

Kleist war krank. Er litt an Kopfschmerzen und Beklemmungsgefühlen. Ruhelos wanderte er in der Schweiz umher und besah Bauernhöfe, die verkäuflich waren. Endlich ließ er sich auf jener einsamen Insel bei Thun in der Aar nieder; eine freundliche Fischerfamilie versorgte ihn mit dem Nötigsten. Hier schrieb er die *Schroffensteiner* fertig und brütete über dem Entwurf des *Guiskard*.

Wilhelm von der Normandie, Gründer des Normannenstaats in Italien, hatte drei Brüder, die einander in der Regierung folgten. Abälard, der Sohn des dritten, kam nicht an die Macht, da dessen Vormund, Robert Guiscard, der vierte Sohn Wilhelms, die Herrschaft übernahm und dreißig Jahre lang regierte. Er setzte durch, daß sein Sohn Robert als Thronerbe anerkannt wurde. Seine Tochter Helena war die verwitwete Kaiserin von Byzanz und Braut Abälards, des von Robert übergangenen Thronprätendenten. Das sind die geschichtlichen Grundlagen des Dramas, wie sie Kleist in den Fußnoten darlegt. Die Quelle zum *Guiskard* war ein Aufsatz von Funk in Schillers Zeitschrift *Die Horen* von 1797. Die Anregung zum Thema könnte Kleist aus Goethes *Wilhelm Meister* erhalten haben, wo auf Tankred hingewiesen wird. In Paris las er dann die *Denkwürdigkeiten aus dem Leben des griechischen Kaisers Alexius*, von dessen Tochter Anna Komnena.

Robert Guiskard liegt belagernd vor Byzanz, in seinem Heer wütet die Pest. Der Held mit dem strotzenden Körper trägt den Keim der tödlichen Krankheit in sich. Das Thema vom Zusammenhang geistiger und tierischer Natur im Menschen, glänzender Schein bei tödlich krankem Sein, ist hier gesteigert und verdichtet: der Starke regiert die Welt in der Gestalt Guiskards, während der legitime Träger der Macht, Abälard, nicht eben glänzend im Hintergrund agiert. Was in den *Schroffensteinern* ein dichtes Knäuel von Trug, Bosheit, Mißtrauen, Verwechslung, Gewalttat und Irrtum war, ist im *Robert Guiskard* in zehn Auftritten auf fünfzehn Seiten gerafft. Das Stück blieb Fragment. Zwei Niederschriften scheint Kleist aus Verzweiflung vernichtet zu haben. Das Ganze, soll es je existiert haben, wäre in der Tat die Vereinigung von antiker Größe mit Shakespeare gewesen, wie Wieland feststellte. Wahrscheinlich hat nie ein ganzes Stück existiert, denn das vorhandene Bruchstück erschöpft das Problem. Die Person Guiskards brauchte nicht weiter entwickelt zu werden, weil sie in sich abgeschlossen ist. Ein leidender Held kann bei Kleist nur eine Frau sein, Käthchen, Evchen, Liesbeth Kohlhaas, Alkmene. Die handelnde Frau, welche das Gesetz der Natur umdrehen will, Penthesilea, geht zugrunde.

41

Das Kleisthäuschen auf der Delosea-Insel im Thuner See

«Jetzt leb ich auf einer Insel in der Aare, am Ausfluß des Thuner-sees, recht eingeschlossen von Alpen, ¼ Meile von der Stadt. Ein kleines Häuschen an der Spitze, das wegen seiner Entlegenheit sehr wohlfeil war, habe ich für 6 Monate gemietet und bewohne es ganz allein.»

Kleist an seine Schwester Ulrike, den 1. Mai 1802

Der höhere, der hohe Mensch, wenngleich durch tödliche Krankheit gezeichnet, weiß, daß die Welt ein Paradox ist, sittlich unkonsequent. Hatte Kant den naiven Realismus des jungen Kleist zerstört, so hatte im Guiskard die Desillusionierung ihr Symbol gefunden. Wo bleibt da Schillers Pathos, der oft leere Gang der freiheitstrunkenen Rede? Bei Kleist ist alles gefüllt mit dichterischer Gegenständlichkeit. Es gibt herrliche Anfänge der Dramen in der Weltliteratur, aber kaum einen, der wieder so nah an Äschylos kommt:

> Mit heißem Segenswunsch, ihr würdgen Väter,
> Begleiten wir zum Zelte Guiskards euch!
> Euch führt ein Cherub an, von Gottes Rechten,
> Wenn ihr den Felsen zu erschüttern geht,
> Den angstempört die ganze Heereswog
> Umsonst umschäumt! Schickt einen Donnerkeil
> Auf ihn hernieder, daß ein Pfad sich uns
> Eröffne, der aus diesen Schrecknissen
> Des greulerfüllten Lagerplatzes führt!
> Wenn er der Pest nicht schleunig uns entreißt,
> Die uns die Hölle grausend zugeschickt,
> So steigt der Leiche seines ganzen Volkes
> Dies Land ein Grabeshügel aus dem See!
> Mit weit ausgreifenden Entsetzensschritten
> Geht sie durch die erschrocknen Scharen hin
> Und haucht von den geschwollnen Lippen ihnen
> Des Busens Giftqualm in das Angesicht!
> Zu Asche gleich, wohin ihr Fuß sich wendet,
> Zerfallen Roß und Reuter hinter ihr,
> Vom Freund den Freund hinweg, die Braut vom Bräut'gam,
> Vom eignen Kind hinweg die Mutter schreckend!
> Auf eines Hügels Rücken hingeworfen,
> Aus ferner Öde jammern hört man sie,
> Wo schauerliches Raubgeflügel flattert
> Und den Gewölken gleich, den Tag verfinsternd,
> Auf die Hülflosen kämpfend niederrauscht!
> Auch ihn ereilt, den furchtlos Trotzenden,
> Zuletzt das Scheusal noch, und er erobert,
> Wenn er nicht weicht, an jener Kaiserstadt
> Sich nichts als einen prächtgen Leichenstein!
> Und statt des Segens unsrer Kinder setzt
> Einst ihres Fluches Mißgestalt sich drauf,
> Und heul'nd aus ehrner Brust Verwünschungen
> Auf den Verderber ihrer Väter hin,
> Wühlt sie das silberne Gebein ihm frech
> Mit hörnern Klauen aus der Erd' hervor!

Kleists Sprache, drängend, bündig, wuchtig, hat hier schon den sonoren Tenor des spätesten Stücks, des *Prinzen von Homburg*. Die Vergleiche, die Metaphern, selbst die schmückenden Beiwörter («*Das silberne Gebein*») sind voller neuer Töne, die den großen Wurf, die Konzeption aus einem neuen Weltverhältnis spiegeln. Der Dichter ist seiner künstlerischen Mittel so sicher, wie man nur sein kann, wenn man ein Problem als Katastrophe hinter sich hat, wenn man gelitten hat und mehr weiß, als man sagt. Die Sprache hat einen medialen Gang, und hinter ihr öffnet sich ein ungeheurer Raum, der von der Trommel, auf welche sich der Held setzt, bis zum Himmel, zum Mysterium, reicht. Guiskard hat

> *drei schweißerfüllte Nächte*
> *Auf offnem Seuchenfelde zugebracht,*
> *Verderben, wütendem, entgegenkämpfend.*

Das Volk wird dem Meer verglichen:

> *Ein Volk, in soviel Häuptern rings versammelt,*
> *Bleibt einem Meere gleich, wenn es auch ruht,*
> *Und immer rauschet seiner Wellen Schlag.*
> *Stellt euch, so wie ihr seid, in Festlichkeit*
> *Bei den Panieren eures Lagers auf:*
> *Sowie des Vaters erste Wimper zuckt,*
> *Den eignen Sohn send ich, und meld es euch.*

Das Volk tritt dem Herrscher frei gegenüber, wie auch der Fürst dem Volk nicht als Monarch, sondern als Erster unter Gleichen begegnet, gemäß dem normannisch-germanischen Grundsatz, daß das Volk nur dem Besten gehorchen dürfe. In Robert und Abälard, wenn sie streiten, wird schon das andere Prinzip sichtbar, die Erbfolge aus dem Blut, die Legitimität. Kleist verhält sich ihr gegenüber skeptisch. Groß ist der Vergleich des Verhältnisses zur Freiheit mit dem ehelichen:

> *Wär mein das kecke Volk, das dir mißfällt,*
> *Ich möcht es wahrlich anders nicht, als keck;*
> *Denn seine Freiheit ist des Normanns Weib,*
> *Und heilig wäre mir das Ehepaar,*
> *Das mir den Ruhm im Bette zeugt der Schlacht.*
> *Das weiß der Guiskard wohl, und mag es gern . . .*

Kleist stand dem Königtum Preußens, dem schwächlichen Nachfolger Friedrichs II. mit konventionellem Respekt, doch kochender Seele gegenüber. Die Größe wahren Herrschertums wird an Details geschildert, etwa wie Guiskard aufs Windfächeln und das Angebot eines Tranks reagiert:

> *Noch eben, da er auf dem Teppich lag,*
> *Trat ich zu ihm und sprach: Wie gehts dir, Guiskard?*
> *Drauf er: «Ei nun», erwidert er, «erträglich! —*
> *Obschon ich die Giganten rufen möchte,*
> *Um diese kleine Hand hier zu bewegen.»*
> *Er sprach: «Dem Ätna wedelst du, laß sein!»*
> *Als ihm von fern, mit einer Reiherfeder,*
> *Die Herzogin den Busen fächelte;*

> *Und als die Kaiserin, mit feuchtem Blick,*
> *Ihm einen Becher brachte, und ihn fragte,*
> *Ob er auch trinken woll?, antwortet' er:*
> *«Die Dardanellen, liebes Kind?» und trank.*
> *. . . Doch das hindert nicht,*
> *Daß er nicht stets nach jener Kaiserzinne,*
> *Die dort erglänzt, wie ein gekrümmter Tiger*
> *Aus seinem offnen Zelt hinüberschaut.*

Dieser gespannt politischen Natur tritt das Schicksal schwer gegenüber, und die Sprache Kleists weiß, ganz unsententiös, den Bruch
der Welt auch grammatisch zu spiegeln in den Zeilen:

> *Auf deinem Fluge rasch, die Brust voll Flammen,*
> *Ins Bett der Braut, der du die Arme schon*
> *Entgegenstreckst zu dem Vermählungsfest,*
> *Tritt, o du Bräutigam der Siegesgöttin,*
> *Die Seuche grauenvoll dir in den Weg —!*

Der Jambus ist mit akzentebeugender Straffheit durchgeführt. Er hat
Wohlklang, musikalische Tonfülle bei inhaltlicher Rauheit, die in
den grammatischen Verkürzungen und Zusammenziehungen deutlich wird. Die Aussage belastet den Vers bis an die Grenze des Ver-
stehens, wenn es heißt:

> *Der Hingestreckt' ist auferstehungslos.*

Oder:

> *Die giftgeätzten Knochen brechen ihm.*

Das ist Kleists persönliches Idiom; er hat es nicht, wie Schiller das
seine, erfunden, sondern als Ausdruck der Emphase sich selbst ab-
gelauscht, und darum bleibt es unnachahmlich.

Das Fragment *Robert Guiskard* hat freilich bei näherer Betrachtung
seine Brüche. Sie liegen im Verhältnis des Dichters zu den Gestalten.
Im ursprünglichen Entwurf hatte der entrechtete Abälard das Interesse Kleists auf sich gezogen, während Guiskard mehr ein Tyrann
war — wie alle Kleistschen Fürsten bis Hermann.

Den Gegenstand des Tyrannenhasses exemplifizierte sich Kleist an
Napoleon, dem «*Allerwelts-Konsul*» der Briefe vom 2. und 18. März
1802. Der französische Usurpator bedrohte damals die Schweiz, und
Kleist sah sein bäuerliches Idyll unmittelbar gefährdet. Aber er haßte
Napoleon jetzt nicht — wie später — aus politisch-patriotischen Gründen, sondern aus ideellen: Napoleon ist der Tyrann, welcher die Freiheit des Volkes korrumpiert. Kleist ging damals, wie Pfuel — ein
nicht ganz zuverlässiger Zeuge — berichtet, mit dem Plan eines *Leopold*-Dramas um. Darin sollte der Kampf der freien Schweizer gegen
einen machthungrigen Tyrannen, Herzog Leopold III. von Österreich,
verherrlicht werden. Der Stoff wurde aus unbekannten Gründen
zugunsten eines andern aufgegeben, Peters des Einsiedlers, des «Ge-

nerals in der Mönchskutte». Peter unternahm aus religiösem Fanatismus einen Kreuzzug und beschwor dadurch die «Entmenschung Europas» herauf. *Peter der Einsiedler* hätte also den antiklerikalen Komplex aufgerührt. Als auch dieser Plan aufgegeben war, kehrte Kleist zum Guiskard zurück und legte Züge von Tyrannenhaß in sein Guiskardbild. Erst bei der Veröffentlichung des Fragments, im *Phöbus* 1808, wurden die tyrannischen Züge verwischt. Damals hatte Kleist Rousseau überwunden und sich zum Aristokraten entwickelt.

Leider wissen wir nicht, wie viele Szenen vom *Guiskard* existiert haben, welche in Paris verbrannt wurden, welche Kleist schriftlich oder im Kopf behalten hatte. Der Grund der Vernichtung ist klar: sie gefielen dem Autor nicht. Ebenso, wie er die Familie bat, die *Schroffensteiner* nicht zu lesen, da das Stück seinen Anforderungen nicht genügte, hielt Kleist den *Guiskard* für mißglückt und vernichtete ihn. Der ideell Schuldige ist Rousseau, der alle Konflikte äußerlich, aus gesellschaftlichen Vorurteilen, erklärte. Er hinderte Kleist jahrelang zu erkennen, daß es sich bei ihm um die Frage der inneren Wahrhaftigkeit, der seelischen Verantwortung handelte.

DAS SATIRISCHE PROTOKOLL

(Der zerbrochne Krug)

Es gibt ein Jugendgedicht Kleists in zwei Fassungen, *Jünglings-klage*, die zweite lautet:

> *Winter, so weichst du,*
> *Lieblicher Greis,*
> *Der die Gefühle*
> *Ruhigt zu Eis.*
> *Nun unter Frühlings*
> *Üppigem Hauch*
> *Schmelzen die Ströme —*
> *Busen, du auch!*

Welchen Winters Weichen wird hier beklagt, und welchen üppigen Frühling fürchtet der Dichter? Wie fast alle Werke Kleists, verbirgt auch dies Gedicht mehr, als es sagt. Man findet da eine Allgemeinheit

Das Personenverzeichnis aus Kleists Niederschrift des «Zerbrochnen Krugs»

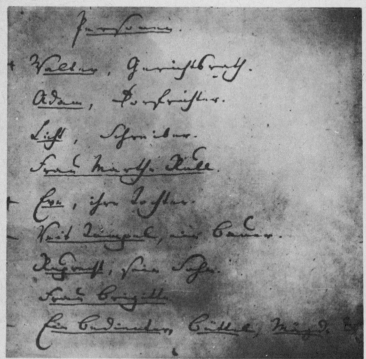

des Urteils, ein unter dem Motiv der Jahreszeiten gegeneinander aus-
gespieltes Empfinden des Jünglings, unter dessen Bildlichkeit eben
noch die «sinnlich-mysteriösen Qualen des Knabentums»[1] durchschimmern. Kleist fürchtet die Lust, weil er ihre Übermacht fürchtet,
und bittet den Winter, die Gefühle zu Eis zu beruhigen. In seinen
Äußerungen zur Liebe findet man einen verblüffenden Realismus,
der sich auf einer gewissen Ebene in pure Geilheit umsetzt, das
ist der Dorfrichter Adam, der nachts bei hübschen Mädchen ein-
steigen möchte, auf einer andern Ebene hochgalant gerührt wird, das
ist Jupiter, der Alkmene naht.
Gerade die Liebe kennt ein dialektisches Für und Wider, gerade sie
zeigt den Menschen in der Verstrickung des Seelischen mit dem Leib-
lichen, des Geistes mit dem Körper. So stehen auf der einen Seite
die handfesten Versuche Adams, das Primitivste an der Liebe, den
körperlichen Besitz, zu kosten, und auf der andern Seite steht Evchen, das holde Geschöpf, deren Existenz in der Bewahrung eben
dessen liegt, was sich Adam wie ein Dieb in der Nacht erschleichen
will. Der Schein ist gegen Evchen, und der schuldige Richter Adam
fördert die Welt dieses falschen Scheins und begeht dadurch das
Verbrechen: er möchte der Unschuld die Schuld unterschieben. Man
sollte Adam und Eve ihres Namens wegen nicht pressen, als sei
Kleists *Zerbrochner Krug* ein Schlüsseldrama zum Sündenfall der
ersten Menschen. Soweit der biblische Sündenfall ein Grundmodell
für Verführung und Schuldigwerden ist, hat Kleist nur ein ewiges
Schema für den Menschen getroffen. Während er sonst ernst, fast
feierlich und wie mit Wut auf seine Fabel losgeht, hat er sich hier
behäbig, ja idyllisch gegeben. Das Milieu ist in eine windstille Zone
verlegt, die niederländisch-ländliche. Kleist kostet die Szenen des
schuldigen Richters als burleske Verschlingung im Geweb geniali-
scher Lügen aus. Darin zeigt er sich virtuos, und daß er es konnte,
zeigt Kleists technische Brillanz im dramatischen Fach. Und doch
liegt hier nicht der Kern.
Die Sprache verrät, daß hier nicht von einem Könner, weil es ihm
Spaß macht, auch einmal im Milieu des Schwanks paradiert wird.
Das Stück steht in Zusammenhang mit Kleists Grundproblem, wie
der Mensch über den rätselhaften Charakter der Welt hinaus seiner selbst gewiß wird und bleibt. Er nannte es die Unverwirrbar-
keit des Gefühls, das eine letzte Instanz des Ich ist. Das Stück entstand, wie Kleists Vorrede sagt, durch den Anblick eines Kupfer-
stichs, wo man eine Gerichtsszene in niederländischem Genre sah.
Die Szene ist bezeugt für 1802 in der Schweiz bei Zschokke[2]. Das
Stück wurde während der Reisen Kleists langsam fertig, vollendet
wohl erst in Königsberg 1805/6. Es gehört zeitlich zu *Guiskard* und
Amphitryon. Das Lustspiel ist ein satirisches Protokoll über eine Ge-

---

[1] Walter Muschg, Kleist. Zürich 1923.

[2] Vgl. S. 34.

Emil Jannings als Dorfrichter Adam in dem Ufa-Film
«Der zerbrochne Krug», dem Kleists Text zugrunde lag

richtsszene, wo man die Wahrheit finden will, den Sieg der Wahrheit über den Schein gegen die Wahrscheinlichkeit. Das heikle Hauptstück der Verhandlung ist die Unschuld des Mädchens, Unbeflecktheit als Grundverfassung des holden Geschöpfs. Aber der Held ist nicht die Frau, sondern der Versucher, der Lügenbold, welcher selbst so gern den Teufel zur Erklärung der Bosheit bemühen möchte, Dorfrichter Adam — das kann nur ein komischer Held sein.

Nicht eine Idee liegt dem *Zerbrochnen Krug* zu Grunde, sondern eine Szene, und ihre Durchführung ist der eigentliche Inhalt des Lustspiels — wobei dann hie und da Ideen durchschimmern. Aber sie werden nicht ausgesprochen. Es ist, als fielen da Lichter aus einem kreisenden Scheinwerfer:

Illustration zum «Zerbrochnen Krug» von Adolph Menzel

LICHT. Ei, was zum Henker, sagt Gevatter Adam!
　　Was ist mit Euch geschehn? Wie seht Ihr aus?
ADAM. Ja, seht. Zum S t r a u c h e l n brauchst doch nichts als Füße.
　　Auf diesem glatten Boden, ist ein Strauch hier?
　　Gestrauchelt bin ich hier, denn jeder trägt
　　Den leidgen Stein zum Anstoß in sich selbst.
LICHT: Nein, sagt mir, Freund! Den Stein trüg jeglicher —?

50

ADAM: *Ja, in sich selbst!*
LICHT: *Verflucht das!*
ADAM: *Was beliebt?*
LICHT: *Ihr stammt von einem lockern Ältervater.*
   Der so beim Anbeginn der Dinge fiel . . .

In diesem Stück hat Kleist das Katz- und Maussspiel mit den ver-
ruchten Details am weitesten getrieben, im Wortwitz, in der Anspielung, in der zwei-deutigen Rede, im absichtlichen oder törich-
ten Mißverstehen, Aneinandervorbeireden, Unterschieben falscher
Aussagen, Meinungen und Fakten, im Überreden vom Verkehrten,
in der Kunst der Verdrehung. Der Gerichtsrat Walter, gekommen,
die sonderbaren Praktiken dieser Gerichtspflege zu untersuchen,
keineswegs schon zu bessern, geht darauf ein; er baut Adam gol-
dene Brücken, und erst im letzten Augenblick geben in seinem Mund
der Staat, das Recht, die Bürokratie der Wahrheit statt.
Im Feuer des grellen Kleistschen Humors wird der Bösewicht
menschlich fast sympathisch. Seine Ichbefangenheit und Geilheit erscheinen nicht als sittliche Laster, sondern als Schwächen einer vi-
talen Natur. Eine eigentümliche Sympathie verklärt den Mißbrauch
von Amt und Würde. Adam säuft, frißt, hurt, lügt und meint, die
ganze Welt sei belüg- und betrügbar, so wie ihm jedes Mädchen
als Objekt der Lust erscheint. Er glaubt so fest an die äußeren
Mittel des Amts, der Stellung, der gesellschaftlichen Rücksicht, der
gerichtlichen Konvention, an seine eigenen Worte und Lügen, daß
sie eine implizite Unschuld haben und wie die Torheiten eines Fal-
staff und Don Quijote wirken. Er ankert in der Lüge. Er ist gar
nicht mehr fähig, an die Wahrheit und das Gute zu glauben, selbst
wo es ihm in fataler Lage nützen könnte. Er ist vollkommenes Abbild einer bürokratisch bis in den Grund verdorbenen Welt, die ihre Verblendung für die Stufe höchster Erleuchtung hält. Die List
wird als teuflisch hingestellt durch den, der sein Heil in diesen Li-
sten sucht:

> *Wir wissen hier zu Land nur unvollkommen,*
> *Was in der Hölle Mod' ist, Frau Brigitte!*
> *Man sagt, gewöhnlich trägt er eignes Haar.*
> *Doch auf der Erde, bin ich überzeugt,*
> *Wirft er in die Perücke sich, um sich*
> *Den Honoratioren beizumischen.*

Die Welt ist verkleinert, aber in den kleinen Verhältnissen stimmt
sie wieder. Adam redet ununterbrochen, und je mehr er, sich her-
auszureden, spricht, desto verdächtiger wird der Inhalt des Gespro-
chenen. Er rennt sich nicht dialektisch fest, dafür ist er zu schlau,
aber die tiradenhafte Kunst führt ihn ins Detail jener Verwirrung,
die am Grund der Welt ist. Redend legt Adam es darauf an, dem
eigentlichen Sinn des Sprechens, der Wahrheit, aus dem Weg zu gehen. Dadurch entstehen die kleinen Risse im Gewebe:

RUPRECHT: *Als ich die Tür eindonnerte, so reiß ich*
    Jetzt mit dem Stahl eins pfundschwer übern Deets ihm;
    Den just, Herr Richter, konnt ich noch erreichen.
ADAM: *Wars eine Klinke?*
RUPRECHT: *Was?*
ADAM: *Obs —*
RUPRECHT: *Ja, die Türklinke.*
ADAM: *Darum.*
LICHT: *Ihr glaubtet wohl, es war ein Degen?*
ADAM: *Ein Degen? Ich — wieso?*
RUPRECHT: *Ein Degen!*
LICHT: *Je nun!*
    Man kann sich wohl verhören. Eine Klinke
    Hat viel Ähnlichkeit mit einem Degen.

In so spitzfindigen Dialogen wird die Naivität des gewöhnlichen Glaubens ad absurdum geführt. Die Paradoxie des benützten Frageverfahrens — des gerichtlichen — besteht in seinem amtlichen Charakter, während die Sache, der es dienen soll, Gerechtigkeit und Wahrheit, bei den von amtswegen belangten Personen liegen; das wird höchst witzig karikiert, wenn Frau Marthe auftritt:

ADAM: *So nimm, Gerechtigkeit, denn deinen Lauf!*
    Klägere, trete vor.
FRAU MARTHE: *Hier, Herr Dorfrichter!*
ADAM: *Wer seid Ihr?*
FRAU MARTHE: *Wer —?*
ADAM: *Ihr!*
FRAU MARTHE: *Wer ich —?*
ADAM: *Wer Ihr seid!*
    Wes Namens, Standes, Wohnorts und so weiter.
FRAU MARTHE: *Ich glaub, Er spaßt, Herr Richter.*
ADAM: *Spaßen, was!*
    Ich sitz im Namen der Justiz, Frau Marthe . . .

Adam ist Satyr. Seine Komik besteht darin, daß er die Posse auf die zugrundeliegende Tragödie des Ruprecht und der Eve setzen kann. Sein Glück ist das der Frechheit, und manchmal meint man zu vernehmen, wie Kleist traurig sei darüber, daß ihm das Glück des Fressens, Saufens, Hurens versagt blieb. Adam lebt ja in einem Paradies der dreisten Naivität und des Genießens.

Kleist, der immer Paradiese suchte, sei es als «Gelehrter», sei es als Reisender auf seinen Fahrten durch halb Europa, sei es in den Träumen vom Schweizer Bauernidyll, hat die Welt des Richters Adam seit Kant hinter sich. Aber wo ist nun sein Stolz? Er hat ihn höchst symbolisch in seine Mädchen und Frauen hinaufgespiegelt, eben die h o l d e n Geschöpfe. Sie tragen den Sinn seiner Auffassungen von Liebe und Geschichte am reinsten: Eve und Käthchen, Alkmene und Penthesilea. Sie sind ebenso viele Steigerungen und Überhöhungen des Begriffs «Liebe», wie die meisten Liebesdichtungen unserer Literatur im Gretchenschicksal steckengeblieben sind. Für Kleists Mädchen und Frauen handelt es sich nicht um privates oder eheliches Glück und Unglück, sondern um Bewährung, Bestätigung, um Vertrauen zum Ursprung und das Gefühl der hohen, ja unverletzlichen Bestimmung. Die Liebenden geben sich auf und geben sich hin, um das eigentliche Dasein zu gewinnen. Die sterbende Toni klagt, man hätte ihr vertrauen sollen, und die bescheidene Eve des *Zerbrochnen Krugs* verwahrt sich, dem Tribunal Geständnisse zu tun, die es nichts angehen. Sie besitzt ein Geheimnis, von dem ein Adam nur die Vokabel kennt, Liebe.

Eve redet im Zusammenhang, schildernd, sie läßt sich auf das Stakkato der finessenreich agierenden Männer nicht ein. In ihrer Sprache wird der Vers melodisch, fast emphatisch. Sie benützt die Sprache nicht als Instrument für etwas, sondern als das wie die Musik unmittelbare Tönen einer Wahrheit, die bloß laut zu werden braucht, um da zu sein. Es ist merkwürdig, daß Goethe kein Ohr dafür hatte, als er den *Zerbrochnen Krug* in Weimar unzulänglich aufführen ließ. Für den in Adam karikierten, in Eve sinnbildlich vorgestellten neuen Menschen konnte das klassische Weimar kein Verständnis und auch kein Lachen aufbringen.

KLEISTS IRRFAHRTEN

Ulrike war kaum einige Monate wieder in Frankfurt, als Karl Wilhelm von Pannwitz, Herr auf Babow und Gulben, Bruder von Kleists toter Mutter, aus Bern einen Brief seines Neffen Heinrich von Kleist erhielt, er liege krank darnieder und benötige vor allem Geld. Der Brief klang alarmierend. Für den Fall, daß er inzwischen gestorben sei, solle das Geld an den Doktor und Apotheker Karl Wyttenbach in Bern gesandt werden. Ulrike, erst kürzlich vom Bruder fortgeschickt, lieh sogleich Geld, zog ihre Männerkleider an und reiste Tag und Nacht mit Postpferden zur Schweiz. Dort befand sich die bürgerliche Ordnung in Auflösung, Napoleons Truppen marschierten; Ulrike wollte in die Stadt; aber General Erlach stand mit einem Korps vor Bern. Es gelang ihr, den militärischen Kordon zu durchbrechen und in die Stadt zu kommen. Sie suchte den Arzt auf und fragte nach dem Bruder: der sei gesund, hörte sie und ließ sich die Wohnung geben. Heinrich schlug die Hände über dem Kopf zusammen: «Ulrike, was ist das? Du siehst ja aus, als wärst du eben zur Tür rausgegangen und wieder hineingekommen.» (Sie hatte die gleichen Reisekleider an, in denen sie sich vor wenigen Monaten von ihm getrennt hatte, und dies Ebenso-Aussehen beschäftigte ihn in den ersten Augenblicken am meisten.)

Kleist war wieder gesund. Er hatte sogar befreundeten jungen Leuten versprochen, ihnen zur Verteidigung der Stadt beizustehen, wenn General Erlach käme. Mit Mühe und Not brachte Ulrike ihn von diesem Plan ab.

In den nächsten Tagen, als sich die politische Aufregung gelegt hatte, zeigte Kleist der Schwester seine Aar-Insel und machte sie mit seinen Freunden bekannt. Das waren der Buchhändler Heinrich Geßner, ein Sohn des Idyllendichters, Heinrich Zschokke aus Magdeburg, der schon lange in der Schweiz ansässig war, und Ludwig Wieland, der Sohn des berühmten Alten. Der junge Wieland, «ein unruhiger Kopf mit satyrischer Zunge», hatte einen Posten bei der alten Berner Regierung bekleidet und äußerte sich jetzt so unvorsichtig über Franzosen und Franzosenfreunde, daß man es für rätlich hielt, wenn er die Stadt schleunig verließe. Heinrich schlug Ulrike vor, dem mittellosen Verfolgten tätig beizustehen. Schon war ihm eine beflissene Polizei auf der Spur. Wieland seinerseits zeigte sich erkenntlich: er lud Kleist ein, mit ihm zu seinem Vater zu fahren.

Den alten Wieland hatte Kleist schon als Fähnrich gelesen und verehrt. Der junge Wieland hatte dem Vater einige Manuskripte seines Freundes, vermutlich die *Familie Schroffenstein*, geschickt, und Wieland hatte Kleist liebgewonnen. Wollte er Dichter werden, so konnte Wieland ihm helfen. Er war als Herausgeber des *Teutschen Merkur* und durch seine Beziehungen zu Herder und Goethe eine Schlüsselfigur des literarischen Lebens. Bei der eingestandenen gesellschaftlichen Struktur unserer damaligen Literatur, dem fast unmäßigen Übergewicht Goethes und Schillers und dem Wert des Goetheschen Urteils in den Kreisen derer, die zählten, konnte es Kleist — ganz abgesehen von Gründen tiefer Verehrung — nützlich sein, den größten Dichter der Nation von Angesicht zu sehen und mit ihm zu sprechen. Außerdem war Goethe Direktor der wichtigsten deutschen Bühne, des Weimarer Hoftheaters.

Was nun geschah, ist nicht aufzuklären. Offenbar spielte schon der junge Wieland Kleist einen Streich, indem er in Erfurt, statt Kleist zum Vater zu geleiten, in den Armen einer Jugendliebe hängenblieb. Kleist begab sich allein nach Weimar.[1]

Anderthalb Jahre später schrieb Christoph Martin Wieland an den Mainzer Arzt Dr. Wedekind, welcher Kleist behandelte, Kleist, in Weimar wohnend, habe ihn zweimal auf seinem Gut Oßmannstedt besucht. Er habe ihn überspannt, aber persönlich äußerst liebenswürdig gefunden, deshalb habe er sich, seinem Naturell entsprechend, offen und herzlich gegen den jungen Dichter benommen — aber Kleist sei zurückhaltend gewesen. Etwas Geheimnisvolles, Rätselhaftes, das tiefer zu liegen schien, als daß ein Menschenkenner wie Wieland es für affektiert hätte halten mögen, ließ Kleist in einer peniblen Entfernung verharren. Doch als Wieland bald darauf durch seinen Sohn erfuhr, Kleist bewohne in Weimar ein mise-

---

[1] Eine unsichere Kleistische Familienüberlieferung, 1846 mitgeteilt von Eduard von Bülow, will wissen, Kleist habe damals Schiller in Jena, Goethe in Weimar persönlich kennengelernt. Kleists Briefe an Goethe und die Goethes an Kleist geben keinen Anhalt für persönliche Bekanntschaft.

rables Quartier und würde eine Einladung nach Oßmannstedt dankbar annehmen, zögerte er nicht, Kleist zu sich ins Haus zu laden, und Kleist entschloß sich «*trotz einer sehr hübschen Tochter Wielands*», wie er an Ulrike schrieb, im Januar 1803 die Einladung anzunehmen. Etwa zehn Wochen blieb er im Kreis der Wielandschen Familie zu Gast.

Freilich gab es Gründe, daß Wieland seinen Gast wunderlich fand. Kleist schien oft zerstreut zu sein, so daß ein einziges Wort z. B. eine ganze Reihe von Ideen in Kleists Gehirn «wie ein Glockenspiel» anzuziehen schien und verursachte, daß Kleist von dem, was man ihm sagte, nichts weiter hörte und er also auch mit der Antwort zurückblieb. Eine andere Eigenheit, die dem Gastgeber an Verrücktheit zu grenzen schien, war, daß Kleist bei Tische

Christoph Martin Wieland (Gemälde von Jagemann)

häufig zwischen den Zähnen wie mit sich selbst sprach; doch gestand Kleist, er habe in solchen Augenblicken geistiger Abwesenheit mit seinem Drama zu schaffen. Es schwebe ihm seit langem vor, aber es sei ihm nie gelungen, es als Ganzes aufs Papier zu bringen. Wieland fährt fort: «Ich gab mir nun alle ersinnliche Mühe, ihn zu bewegen, sein Stück nach dem Plane, den er sich entworfen hatte, auszuführen und fertig zu machen, so gut es geraten wollte, und mir sodann mitzuteilen, damit ich ihm meine Meinung dazu sagen könnte; oder wenn er das nicht wolle, es nur wenigstens für sich selbst zu vollenden, um es dann desto besser zu übersehen ... Endlich nach vielen vergeblichen Versuchen und Bitten, nur eine einzige Szene von diesem fatalen Werk seines Verhängnisses zu sehen zu bekommen, erschien eines Tages zufälligerweise an einem Nachmittage die glückliche Stunde, wo ich ihn so treuherzig zu machen wußte, mir einige der wesentlichsten Szenen und mehrere Morceaux aus andern aus dem Gedächtnisse (!) vorzudeklamieren. Ich gestehe Ihnen, daß ich erstaunt war, und ich glaube nicht zuviel zu sagen, wenn ich Sie versichere: Wenn der Geist des Aischylos, Sophokles und Shakespeare sich vereinigten, eine Tragödie zu schaffen, so würde das sein was Kleists Tod Guiskards des Normannen, sofern das Ganze demjenigen entspräche, was er mich damals hören ließ. Von diesem Augenblick an war es entschieden, Kleist sei dazu geboren, die große Lücke in unserer Literatur auszufüllen, die meiner Meinung nach wenigstens, selbst von Schiller und Goethe noch nicht ausgefüllt worden ist.»

Kleist war fünfundzwanzig Jahre alt, Luise Wieland erst dreizehn. Sie wurde krank vor Liebe zu Kleist. An Ulrike schrieb er: *«Ich habe mehr Liebe gefunden, als recht ist, und muß kurz oder lang wieder fort; mein seltsames Schicksal!»* Wieland soll daran gedacht haben, Kleist zu seinem Schwiegersohn zu machen, doch der reiste ab und ließ weder dem Vater noch dem Sohn ein Lebenszeichen zukommen. Schwankend zwischen Genie und Wahnsinn, wie getrieben von Furien, fand er nirgends Ruhe. Er vertraute Wieland beim Abschied einen Plan an, er werde sich in Koblenz bei einem Tischlermeister verdingen. Er wollte sein Genie ersticken, um der Versuchung zum Selbstmord zu entgehen. War er ein «unaussprechlicher Mensch»? Er wußte selbst nicht, warum er fortmußte aus einem Hause, *«wo ich mehr Liebe gefunden habe, als die ganze Welt zusammen aufbringen kann, außer Du! — Aber ich mußte fort. O Himmel, was ist das für eine Welt!»* schrieb er Ulrike.

«Ich brachte die ersten folgenden Tage in einem Wirtshause zu Weimar zu, und wußte gar nicht, wohin ich mich wenden sollte ... Endlich entschloß ich mich, nach Leipzig zu gehen ... Ich nehme hier Unterricht in der Deklamation bei einem gewissen Kerndörffer. Ich lerne meine eigne Tragödie bei ihm deklamieren. Sie müßte, gut deklamiert, eine bessere Wirkung tun, als schlecht vorgestellt. Sie würde mit vollkommener Deklamation vorgetragen eine ganz ungewöhnliche Wirkung tun. Als ich sie dem alten Wieland mit großem Feuer vorlas (!), war es mir gelungen, ihn so zu entflammen, daß mir, über seine innerlichen Bewegungen, vor Freude die Sprache verging und ich zu seinen Füßen niederstürzte, seine Hände mit heißen Küssen überströmend.

Vorgestern faßte ich ein Herz, und ging zu Hindenburg [1]. Da war große Freude. ‹Nun, wie steht's in Paris um die Mathematik?› — Eine alberne Antwort von meiner Seite, und ein trauriger Blick zur 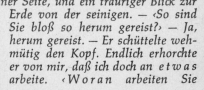 *Erde von der seinigen. — ‹So sind Sie bloß so herum gereist?› — Ja, herum gereist. — Er schüttelte wehmütig den Kopf. Endlich erhorchte er von mir, daß ich doch an e t w a s arbeite. ‹W o r a n arbeiten Sie*

[1] Mathematikprofessor in Leipzig, den Kleist im Mai 1801 kennengelernt hatte, als er die gelehrte Welt Göttingens und Leipzigs besuchte.

Links:
Ernst von Pfuel (1779–1866), Kleists Freund, in hohem Alter (Photographie)

Kleists Freundinnen Henriette und Karoline von Schlieben

denn? Nun! Kann ich es denn nicht wissen? Sie brachten diesen Winter bei W i e l a n d zu; gewiß! gewiß!› — Und nun fiel ich ihm um
den Hals, und herzte und küßte ihn solange, bis er lachend mit mir
übereinkam: der Mensch müsse d a s Talent anbauen, das er in sich
v o r h e r r s c h e n d fühle.»

Die Öffentlichkeit wurde auf den neuen Dichter aufmerksam. Wieland hatte Kleist an den Verleger Göschen empfohlen, und dieser
hatte die *Familie Schroffenstein* gedruckt. Nun erschien ein Zei-
tungsaufsatz im *Freimüthigen*: *Erscheinung eines neuen Dichters.*[1]
Kleist empfahl Ulrike die Lektüre, ohne zu sagen, warum — doch
im gleichen Brief bittet er sie, das gelobte Stück nicht zu lesen.
Wenn man ihn ein paar Monate bei der Familie in Frankfurt arbeiten lassen wollte, ohne ihn rasend zu machen mit der Angst, was
aus ihm werde, würde er sich vor Freude, schreibt er, w ä l z e n in
der Mittelstube.

In Dresden traf Kleist mit den alten Freunden auch Pfuel. Ihm las
er, als dieser an Kleists Talent zum komischen Dichter zweifelte,
den *Zerbrochenen Krug* vor. Pfuel war betroffen und bestärkte
Kleist wiederum in seinem Glauben an sein Talent. Es müssen sonderbare Wochen und Monate gewesen sein: Kleist, sich verzehrend
um die endgültige Gestalt des *Guiskard*, einerseits voll stolzer Über-
hebungen und der Drohung, er werde Goethe den Lorbeer des größ-

[1] Jean Paul war von der Lektüre der *Familie Schroffenstein* so begeistert,
daß er in seiner 1804 erschienenen *Vorschule der Ästhetik* dies Drama
neben Werken des Novalis, Zacharias Werner und Clemens Brentano als
Beispiel junger Dichtung nannte.

ten Dichters der Deutschen vom Haupt reißen, andererseits durch das Nicht-Gelingen des *Guiskard* zum Selbstmord versucht, mußte mühsam beruhigt werden. Die Selbstmordabsichten suchte Pfuel durch Spott zu zerstreuen, worauf Kleist, von Natur gutmütig, zu lachen pflegte. Als er Pfuel jedoch zu wiederholten Malen allen Ernstes vorschlug, mit ihm gemeinsam zu sterben, riet Pfuel als Heilmittel zu einer gemeinsamen Reise in die Schweiz oder nach Frankreich. Kleist ging auf den Vorschlag ein. Abermals scheint eine brennende Liebesgeschichte den Abschied beschleunigt zu haben. Er verkehrte freundschaftlich bei der Familie von Schlieben, deren älteste Tochter Karoline die Braut seines Freundes Lohse, des Malers, war, der damals in der Schweiz Studien trieb. Die zweite Tochter, Henriette, hatte Kleist jäh entflammt, es soll sogar zu einer überstürzten Verlobung gekommen sein. Henriette schenkte ihm zum Abschied ein gesticktes Halbhemdchen. Die Mädchen waren so arm, daß sie, wie Kleist erst jetzt erfuhr, die Arbeiten ihrer Hände verkauften.

Pfuel und Kleist reisten zu Fuß, denn für Wagen, Pferde und Kutscher mangelte es an Geld. Die erhaltenen Briefe klingen halb drohend, halb jubelnd überspannt. Da er Ulrike um Geld bitten mußte, schrieb er am 3. Juli 1803:

«Ich erbitte mir also von Dir, meine Teure, so viele Fristung meines Lebens, als nötig ist, seiner großen Bestimmung völlig genugzutun. Du wirst mir gern zu dem einzigen Vergnügen helfen, das, sei es noch so spät, gewiß in Zukunft meiner wartet, ich meine, mir den Kranz der Unsterblichkeit zusammenzupflücken. Dein Freund wird es, die Kunst und die Welt wird es Dir einst danken.»

Kleist wußte, daß sein Schicksal sich der Krise nähere. Im Gepäck trug er den *Guiskard* und die *Penthesilea*, beide unfertig, und von beiden hoffte er den glücklichen Ausgang der Krise; die Vollendung «des Gedichts», *seines* Gedichts, wäre das Glück, nicht im privaten Sinne, sondern als höchstes der Bildung der Zeit.

Die Freunde wanderten nach Bern und Thun. In Meyringen traf man das Ehepaar Werdeck aus Potsdam, in Varese den Maler Lohse, über Bellinzona kam man nach Mailand, wanderte durch das Waadtland zurück, und erreichte schließlich über Genf und Lyon Paris. Hier traf man abermals mit den Werdecks zusammen.[1] Am 5. Oktober, in Genf, schrieb Kleist den vielleicht berühmtesten seiner Briefe an Ulrike:

«Der Himmel weiß, meine teuerste Ulrike (und ich will umkommen, wenn es nicht wörtlich wahr ist), wie gern ich einen Blutstropfen aus meinem Herzen für jeden Buchstaben eines Briefes gäbe, der

---

[1] Frau von Werdeck führte ihr *Tagebuch einer Reise in die Schweiz und in Frankreich.* Teile daraus veröffentlichte Hans Röhl im Jahrbuch der Kleist-Gesellschaft 1938, S. 77—97. Kleist wird genau beschrieben — aber die Freundin hatte keine Ahnung, wer er war.

so anfangen könnte: ‹mein Gedicht ist fertig.› Aber, Du weißt, wer,
nach dem Sprüchwort, mehr tut, als er kann. Ich habe nun ein Halb-
tausend hintereinander folgender Tage, die Nächte der meisten mit
eingerechnet, an den Versuch gesetzt, zu so vielen Kränzen noch
einen auf unsere Familie herabzuringen: jetzt ruft mir unsere hei-
lige Schutzgöttin zu, daß es genug sei. Sie küßt mir gerührt den
Schweiß von dir Stirne, und tröstet mich, ‹wenn jeder ihrer lieben
Söhne nur ebensoviel täte, so würde unserm Namen ein Platz in
den Sternen nicht fehlen.› Und so sei es denn genug. Das Schick-
sal, das den Völkern jeden Zuschuß zu ihrer Bildung zumißt, will,
denke ich, die Kunst in diesen nördlichen Himmelstrichen noch nicht
reifen lassen. Töricht wäre es wenigstens, wenn i c h meine Kräfte
länger an ein Werk setzen wollte, das, wie ich mich endlich über-
zeugen muß, für mich zu schwer ist. Ich trete vor Einem zurück, der
noch nicht da ist, und beuge mich, ein Jahrtausend im Voraus, vor
seinem Geiste. Denn in der Reihe der menschlichen Erfindungen ist
diejenige, die ich gedacht habe, unfehlbar ein Glied, und es wächst
irgendwo ein Stein schon für den, der sie einst ausspricht.
Und so soll ich denn niemals zu Euch, meine teuersten Menschen,
zurückkommen? O niemals! Rede mir nicht zu. Wenn Du es tust,
so kennst Du das gefährliche Ding nicht, das man Ehrgeiz nennt. Ich
kann jetzt darüber lachen, wenn ich mir einen Prätendenten mit
Ansprüchen unter einem Haufen von Menschen denke, die sein Ge-
burtsrecht zur Krone nicht anerkennen; aber die Folgen für ein
empfindliches Gemüt, sie sind, ich schwöre es Dir, nicht zu berech-
nen. Mich entsetzt die Vorstellung.
Ist es aber nicht unwürdig, wenn sich das Schicksal herabläßt, ein
so hülfloses Ding, wie der Mensch ist, bei der Nase herumzuführen?
Und sollte man es nicht fast so nennen, wenn es uns gleichsam Kuxe
auf Goldminen gibt, die, wenn wir nachgraben, überall kein echtes
Metall enthalten? Die Hölle gab mir meine halben Talente, der Him-
mel schenkt dem Menschen ein ganzes oder gar keins.
Ich kann Dir nicht sagen, wie groß mein Schmerz ist. Ich würde von
Herzen gern hingehen, wo ewig kein Mensch hinkommt! Es hat sich
eine gewisse ungerechte Erbitterung meiner gegen sie bemeistert ...
Lebe wohl, grüße alles — ich kann nicht mehr.

Heinrich.»

Vierzehn Tage darauf wurde das Manuskript des *Guiskard* in Paris
verbrannt — vermutlich auch die Entwürfe zum Leopold- und Pe-
terdrama. Dann verließ er Paris, allein, zu Fuß, ohne Paß, in Richtung auf Boulogne-sur-Mer. Unterwegs schrieb er aus St. Omer am
26. Oktober eine Notiz an Ulrike, er suche den Tod, da ihm der
Himmel den Ruhm, das höchste Gut auf Erden, versagt habe: *«ich*
werde den schönen Tod der Schlachten sterben ... werde französi-
sche Kriegsdienste nehmen, das Heer wird bald nach England hin-
überrudern, unser aller Verderben lauert über den Meeren, ich
frohlocke bei der Aussicht auf das unendlich-prächtige Grab.»

Die Krise war da. Was Kleist tat, war Irrsinn, ein heroisch verschleierter Selbstmord, obendrein politisch zweideutig, denn was tat ein preußischer Offizier in der Armee Napoleons? Aus der Tat entsprang ein Mißtrauen des Königs und der Regierung gegen Kleist. Sie war außerdem unmittelbar leichtsinnig, denn ein preußischer Gardeoffizier, der ohne Paß im Lande der Franzosen reiste, konnte, wenn er angehalten wurde, sofort als Spion erschossen werden. Da war es ein Glück, daß kurz vor Boulogne ein Bekannter, ein Militärarzt, auf den irrenden Dichter stieß und ihn beschwor, sich sogleich wegen eines Passes an Lucchesini, den Gesandten in Paris, zu wenden; erst kürzlich sein ein preußischer Edelmann als angeblicher Spion des russischen Kaisers erschossen worden.

Kleist folgte den Vorstellungen, wandte sich nach Paris zurück, und Lucchesini stellte ihm einen Paß nach Potsdam aus — damit Kleist genötigt würde, heimzukehren. Auf dieser Reise befiel ihn in der Rheingegend eine heftige — unbekannte — Krankheit, von der ihn jener Hofrat Wedekind, von dem Wieland Nachrichten über Kleist

Parade der französischen Garde vor Napoleon I.
im Berliner Lustgarten, Oktober 1806

Schloßteich in Königsberg (Lithographie, Mitte 19. Jh.)

erhielt, erst nach Monaten heilen konnte.[1] Er blieb für die Welt verschollen, soll aber die Bekanntschaft der Günderode gemacht haben und in Wiesbaden mit der Tochter eines Predigers ein zartes Verhältnis unterhalten haben. Plötzlich erschien dann «dieser zauberische Kleist» in Weimar bei Wieland. Acht Jahre später schrieb Luise Wieland über diesen Besuch an ihre Schwester: «Noch ganz derselbe liebenswürdige Mensch, der durch seinen Geist, dazumal noch sehr bescheidenen stillen Charakter und Benehmen so interessant war. Mein Vater begrüßte ihn als einen alten Freund, und ich mit einer Fassung, die ich mühsam errungen hatte. So erhielt ich mich in dieser Stimmung, auch wenn ich mit ihm allein war, bis zu seiner Abreise, die wenige Tage später erfolgte.»

Kleist ging nach Potsdam. Pfuel stand hier bei seinem Regiment und glaubte einen Geist zu sehen, als Kleist eines Abends, als er schon im Bett lag, in seinem Zimmer erschien. Schnell war die Freundschaft wieder hergestellt, und es fragte sich, was der Zurückgekehrte in Preußen beginnen sollte. Er fuhr nach Berlin und suchte um eine Audienz bei Hofe nach, der König befand sich jedoch in Charlottenburg, und dort erreichte Kleist eine Unterredung mit dem Adjutanten General von Köckeritz. Er berief sich auf einen Bericht, den

---

[1] An die Dresdner Freundin Henriette von Schlieben schrieb Kleist ein Jahr später aus Berlin: *«Ich bin nicht imstande, vernünftigen Menschen einigen Aufschluß über diese seltsame Reise zu geben. Ich selber habe seit meiner Krankheit die Einsicht in ihre Motive verloren und begreife nicht mehr, wie gewisse Dinge auf andere folgen konnten.»*

Lucchesini dem König übermittelt haben müßte, eigene Zeugnisse, die alle Spuren einer Gemütskrankheit tragen müßten — und ob er jetzt hoffen dürfe, nicht vor einen «politischen Richterstuhl» gezogen zu werden. Er fühle sich wiederhergestellt und möchte dem König eine Bitte um Anstellung vortragen.

Köckeritz, der typische Flügeladjutant, spiegelte nichts als die Stimmung der Hofgesellschaft über Kleist, wenn er abweisend mit der Frage antwortete, ob Kleist wirklich ganz hergestellt sei und ob er, und dies vor allem, von den «Ideen und Schwindeln, die vor kurzem im Schwange waren» (es sind die der Revolution), völlig hergestellt sei.

Kleist wies abermals auf seine Krankheit hin, die nun behoben sei, eine zurückgebliebene Schwäche ließe sich in einem Bad beheben; doch Köckeritz zog sein Schnupftuch, schnaubte sich und gestand seine Bedenken gegen einen Mann, der das Militär verlassen, auch dem Zivil den Rücken gekehrt, das Ausland durchstreift und zu allem Überfluß «Versche gemacht» hätte.

Kleist brach in Tränen aus, ließ aber nicht locker und machte dem General klar, daß die vorgehabte Einschiffung in Boulogne eher vor ein medizinisches als politisches Tribunal gehöre, und überzeugte ihn, so daß sich Köckeritz zu entschuldigen begann. Hoffnung auf die erbetne Gunst des Königs konnte er ihm freilich nicht machen. Doch plötzlich bot sich eine Gelegenheit. Der Major von Gualtieri, Bruder von Kleists angeheirateter Kusine, seiner Freundin Marie von Kleist, sollte im Sommer 1804 als preußischer Gesandter nach Madrid gehen. Wenn Kleist als Attaché mit ihm ginge, böte sich vielleicht Gelegenheit, in den diplomatischen Dienst zu kommen. Gualtieris Mission verzögerte sich jedoch [1], und da Kleist wieder Beziehungen zu seiner Familie aufnahm und man ihm in Frankfurt eine kleine Rente auszusetzen versprach, verzichtete er auf die diplomatische Aussicht. Inzwischen hatte auch der König nachgegeben, und Kleist erhielt erst eine bescheidene Anstellung am Ministerium in Berlin, dann als Diätar bei der Domänenkammer in Königsberg. Auf Drängen der Familie sollte er nebenher seine kameralistischen Studien zu Ende führen.

Am 13. Mai 1805 meldete er dem preußischen Finanzminister Stein zum Altenstein die Ankunft in Königsberg und die Aufnahme des finanzwissenschaftlichen und juristischen Studiums; auch der Chemie hoffe er sich weiterhin widmen zu können. Sogleich aber regte sich der Widerwille gegen das Amt. Wir erfahren, daß er krank wurde, an Verstopfung und Kopfschmerzen litt. Er las viel, Thomson und Young, vor allem die *Ilias*. (Kleist soll in Paris Griechisch gelernt und Homer in der Ursprache haben lesen können.) Ob er hier in Königsberg, im Kreis der Beamten und Offiziere um von Schön, bereits mit den Ideen und Begriffen der nationalen Erneuerung be-

---

[1] Gualtieri ging erst Ende 1804 nach Madrid und ist schon ein halbes Jahr darauf unter dunklen Umständen gestorben.

kannt wurde, ist bei seinen ganz anderen Interessen und dem schlechten körperlichen Zustand zweifelhaft.

Napoleon war auf der Höhe des Erfolges. Er hatte die französische Republik durch sein Kaisertum zerstört, besaß ganz Italien, halb Spanien und Deutschland. Vergebens hatten sich die Mächte gegen ihn zum Dritten Koalitionskrieg verbündet. Die preußischen Patrioten wünschten, daß man seinem Angriff auf Österreich zuvorkomme, und fieberten vor Ungeduld, weil der Krieg in den Winterquartieren verbracht wurde, während die Franzosen Österreich räumten und in Spanien heroischen Widerstand fanden. An Rühle von Lilienstern, der sich beim Heer an einer allerdings stillen Front befand, schrieb Kleist in einem erbitterten Brief, die Auflösung des Deutschen Reiches stehe bevor. Napoleon nannte er einen glücksgekrönten Abenteurer: «Warum sich nur nicht einer findet, der diesem bösen Geiste der Welt die Kugel durch den Kopf jagt. Ich möchte wissen, was so ein Emigrant zu tun hat —»

In einem andern Schreiben wurde der Minister Altenstein beschworen, auf den König einzuwirken, die Abtretung Frankens an Napoleon nicht zuzugeben. Doch spielte in diesem Brief Kleists Berufsinteresse eine Rolle, denn er hoffte, Altenstein werde ihn nach Beendigung der Studien in der Verwaltung Frankens anstellen. Die Provinz müßte neu eingerichtet werden. Kleist schloß sich auch den Plänen der inneren Reform an, welche auf Beseitigung der Zunftrechte und Herbeiführung der Gewerbefreiheit zielten. Um so erstaunlicher ist, daß er bereits im Sommer den Minister um Dispens bat. Seine Gesundheit sei so zerrüttet, daß er ein Bad aufsuchen müsse. Er erhielt Urlaub und ging auf einige Wochen nach Pillau, es war ihm aber nur ein paarmal möglich, ins Wasser zu gehen. Sein Nervensystem schien ebenso zerrüttet zu sein wie seine Verdauung. In diesen qualvollen Monaten, abgeschlossen von der Welt, schrieb Kleist *Die Marquise von O.* und den *Michael Kohlhaas*, beendete den *Zerbrochnen Krug*, machte den *Amphitryon* druckreif, arbeitete an *Penthesilea* und gab dem *Erdbeben in Chili* die endgültige Form. Wie immer war die Krankheit des Leibes eine Krise des Geistes; sie legte sich, je mehr er arbeitend dem Rätsel seiner Existenz auf die Spur kam. Nun fand er auch den Mut, Wilhelmine von Zenge wieder zu begegnen, jetzt Frau Professorin Krug, der er bisher in Königsberg aus dem Wege gegangen war. Er folgte Krugs Einladung und las einer kleinen Gesellschaft in dessen Wohnung Teile der Erzählungen aus dem Manuskript vor.

Wir ahnen nicht, was dann in ihm vorging. Die Zuhörer lauschten voll freundschaftlicher Erwartung, noch galt ja Dichtung in Deutschland als Mittel gesellschaftlicher Kultur, noch konnte der Dichter vom kleinen Publikum der Salons auf das große in der Welt schließen und umgekehrt: der Erfolg im gesellschaftlichen Zirkel zog den beim großen Publikum nach sich. Was aber haben wohl die adligen Offiziere, die höheren Beamten und Professoren mit ihren Damen gedacht, als Kleist den *Kohlhaas* vorlas, wo der Junker eine un-

Prof. Wilhelm Traugott Krug, Luise von Zenge und Krugs Frau Wilhelmine geb. v. Zenge. Silberstiftzeichnung von Friedrich August Jung (1781—1841)

angenehme Rolle spielt, ein Roßhändler Held ist, und Kirchenmänner und Fürsten den Dämon nicht bezwingen können? *Die Marquise von O.* war überhaupt nicht vorzulesen, das Vexierspiel mit der in Ohnmacht Geschwängerten schlug jeder Sitte ins Gesicht.

Kleist ging, als Preußen niedergeworfen, die letzte Schlacht bei Preußisch-Eylau verloren war, tief bedrückt nach Berlin und wurde bei Betreten der Stadt, da er sich nur durch ein militärisches Abschiedspatent, nicht jedoch durch den Paß des Bürgers auswies, von den Franzosen verhaftet.[1] Man hatte Verdacht, er sei Schillscher Offizier gewesen, Proteste nützten nichts. Im Februar 1807 wurde er mit zwei Begleitern unter entwürdigenden Umständen wie ein Verbrecher nach Frankreich geschafft. Man hielt ihn erst auf dem Fort des Joux, dann in Châlons an der Marne gefangen. Niemand konnte ihm erklären, weshalb er gefangen sei. Man berief sich auf Befehle von oben. Beschwerden wurden entgegengenommen, aber sie hatten keine Folgen. Kleists Begleiter, ältere Männer, zogen sich ernstliche Krankheiten zu. Da man bei den Gefängnisverwaltungen nicht wußte, ob Kleist Kriegs- oder Zivilinternierter war, erhielt er nicht

---

[1] Bei der Verhaftung erregte Kleist durch sein Stammeln den ersten Verdacht. Auch sprach er französisch, das wirkte belastend. Die Spionenfurcht der napoleonischen Gewaltherrschaft war berüchtigt. — Kleists Stammeln und Stottern wird von Zeitgenossen oft bestätigt. Sein Aufsatz *Über die Verfertigung der Gedanken beim Reden* hat hier einen Grund. Man hat auch angenommen, die Würzburger Operation habe dem Sprachorgan gegolten, aber dazu passen Kleists dunkel-dramatische Äußerungen über den Charakter der Behandlung wenig.

einmal die Löhnung als Gefangener. Er war für seine geringen Ausgaben auf die Sendungen der treuen Ulrike angewiesen. Er erhielt endlich Feder und Papier und durfte auf den Wällen spazieren gehen. Erst im Juli kam aus Berlin ein Befehl des französischen Generals, ihn freizulassen, aber nun fehlten die Mittel zur Rückreise, und wieder mußte Kleist wochenlang auf Geld warten.

Die Briefe dieser Monate klingen ganz anders als die aus Königsberg. Kleist erträgt sein Geschick mit Fassung, die körperlichen Beschwerden sind wie weggeweht, die erzwungene Einsamkeit auf den Wällen der Festung wird zum Schreiben benützt. Hier entstanden weitere Teile der *Penthesilea*. Die Einsamkeit, in welcher Kleist dies größte Drama von der Selbstzerstörung eines Menschen schrieb, ist symbolisch für sein Verhältnis zur Gesellschaft.

DAS MYSTERIUM DER LIEBENDEN
(Amphitryon)

Man weiß nicht, wann zum ersten Mal bei Kleist die große Konzeption aufleuchtete, welche aus dem Molièreschen Vorwurf vom göttlichen Galan der thebanischen Feldherrngattin eine Dichtung von geheimnisvoller Tiefe machte. Nichts ist so erstaunlich, wie der Abstand des Kleistschen Lebens von seinen Dichtungen. Während sich bei Goethe vieles aus dem Leben des Dichters erklären läßt, versagen so lässige Kategorien bei Kleist. Seine Dichtung ist immer ungeheuer viel mehr als das Leben des Jünglings und Mannes Kleist. Im *Amphitryon* sind die Prototypen des neuen Menschen, wie ihn Kleist schaute, zum ersten Mal vereint. Die Linie geht von Agnes über Eve zu Alkmene. Dorfrichter Adam ist in Jupiter erhöht. Das groteske Detail, die Sosiashandlung, ist so von der Haupthandlung abgelöst, daß sie wie ein Satyrspiel nebenher läuft. Penthesilea, den Leib des Geliebten fressend, begreift die Realität der Seele. Jupiter, auf den Genuß der schönen Frau erpicht, muß die Verbindung als Mysterium begreifen, die Ehe — christlich gesprochen — als Sakrament.

Der Plan zur Übersetzung des Molièreschen Lustspiels ist für die Schweizerreise 1802 zu erschließen. Kleists Freund Zschokke arbeitete damals an einer Übertragung der Dramen Molières ins Deutsche. Die Übertragung erschien 1806 vollständig, bis auf den *Amphitryon*. Man nimmt an, Kleist habe Zschokke die Übertragung zu machen versprochen, doch wurden seine Änderungen und Zutaten zu bedeutend, der Sinn des französischen Lustspiels vom ehebrechenden Gott verschob sich; ein eigenes Drama entstand, und mit Molière hatte es schließlich nur noch eine Folge von Szenen gemeinsam. Thema und Charaktere gehören Kleist, die entscheidende 4. Szene im 2. Akt fehlt bei Molière ganz.

Alkmene, die Frau des thebanischen Feldherrn Amphitryon, wird von Jupiter in Gestalt ihres Mannes besucht. Bei Molière entwickelt sich daraus ein galantes Lustspiel. Die antike Sage kannte manche

Gestalten des Obergotts, die er annahm, um sich den Töchtern der Menschen buhlend zu nahen. Der Gott darf das, und die Lösung der teils possenhaften, teils schlüpfrigen Geschichten bestand jeweils in der Offenbarung des Gottes als Gott. Dadurch war jede Tragik unmöglich, nicht aber eine das Laszive streifende Komik. Aus ihr leben die Amphitryonstücke der Literatur.

Kleist konnte, nach seiner Anlage und gesteigerten Empfindlichkeit in Dingen Eros und Sexus, die galante Lösung des Franzosen nur peinlich sein. Als er sich 1805/6 in Königsberg mit seinen Manuskripten beschäftigte, bot ihm dieser Stoff Gelegenheit, s e i n Problem darzustellen: hier waren alle Steine des Torbogens beieinander, der dadurch gehalten wird, daß jeder einzelne stürzen will.

Die Gestalten des Dramas bilden zwei parallele Dreiecke, Jupiter-Alkmene-Amphitryon und Merkur-Charis-Sosias. Die Pole sind Himmel und Erde, Kleists Himmel und Kleists Erde. Das Thema der göttlichen Liebe wird auf der irdischen Ebene variiert: Sosias hat kein Organ für Alkmenes Leiden. Was bei ihr aus der Instanz des «Gefühls» als Gewißheit kommt, muß ihm durch Stockhiebe eingebleut werden. In diesen grotesken Szenen hat Kleist, die Antike und ihre Mythe verhöhnend und parodierend, eine gar nicht gefühlvolle, gar nicht aufgeklärtverständig gesehene Antike entdeckt. Sosias und Charis mit Merkur stammen aus der Sippe der Aristophanischen Un-Helden, so wie Alkmene eine Tochter des tragischsten der Tragödiendichter, Euripides, ist. Zugleich ist Alkmene mehr als Antike. Ihr Verhalten zu Gatten und Göttern ist undenkbar ohne die christliche Religion, welche Einigung und Vereinigung mit Gott kennt und die eheliche Liebe weiht, indem sich die Liebenden nur in Gott vereinen können. Zum ersten Mal hat Kleist hier ausgeführt, wie das Wunder der Liebe — sonst als bloßes Faktum hingestellt — denk- und deutbar sei. Die Einsamkeit des Ich wird im Mysterium der Liebe gebrochen. Penthesileas Wunsch geht hier ebenso in Erfüllung wie Käthchens nur im Traum mögliche totale Hingabe Gegenstand eines die Sinne beraubenden Spiels wird. Der Buchstabenwechsel auf dem Diadem, Kleists eigene Erfindung, deutet das Ungeheuerliche an. Jene entscheidende Szene im zweiten Akt lautet:

ALKMENE: *Charis!*
   Was ist mir Unglückselgen widerfahren?
   Was ist geschehn mir, sprich? Sieh, dieses Kleinod.
CHARIS: *Was ist dies für ein Kleinod, meine Fürstin?*
ALKMENE: *Das Diadem ist es, des Labdakus,*
   Das teure Prachtgeschenk Amphitryons,
   Worauf sein Namenszug gegraben ist.
CHARIS: *Dies? Dies das Diadem des Labdakus?*
   Hier ist kein Namenszug Amphitryons.
ALKMENE: *Unselige, so bist du sinnberaubt?*
   Hier stünde nicht, daß mans mit Fingern läse,
   Mit großem, goldgegrabnen Zug ein A?

Szene aus Kleists «Amphitryon»
(E. W. Borchert, Liselotte Schreiner, Werner Hinz)

CHARIS: *Gewiß nicht, beste Fürstin. Welch ein Wahn?*
  Hier steht ein andres, fremdes Anfangszeichen.
  Hier steht ein J.
ALKMENE: *Ein J?*
CHARIS: *Ein J. Man irrt nicht.*
ALKMENE: *Weh mir sodann! Weh mir! Ich bin verloren.*

Wie großartig tritt der Schatten des Gottes hier als furchtbare Ahnung ins Stück, gespiegelt im Herzen der Frau, die sich betrogen weiß
und doch nicht betrogen hat:

> *Wie soll ich Worte finden, meine Charis,*
> *Das Unerklärliche dir zu erklären?*
> *Da ich bestürzt mein Zimmer wieder finde,*

> Nicht wissend, ob ich wache, ob ich träume,
> Wenn sich die rasende Behauptung wagt,
> Daß mir ein anderer erschienen sei;
> Da ich gleichwohl den heißen Schmerz erwäg
> Amphitryons und dies sein letztes Wort,
> Er geh, den eignen Bruder, denke dir!
> Den Bruder wider mich zum Zeugnis aufzurufen;
> Da ich jetzt frage, hast du wohl geirrt?
> Denn einen äfft der Irrtum doch von beiden,
> Nicht ich, nicht er sind einer Tücke fähig;
> Und jener doppelsinn'ge Scherz mir jetzt
> Durch das Gedächtnis zuckt, da der Geliebte,
> Amphitryon, ich weiß nicht, ob dus hörtest,
> Mir auf Amphitryon den Gatten schmähte,
> Wie Schaudern jetzt, Entsetzen mich ergreift
> Und alle Sinne treulos von mir weichen, —
> Faß ich, o du Geliebte, diesen Stein,
> Das einzig unschätzbare, teure Pfand,
> Das ganz untrüglich mir zum Zeugnis dient.
> Jetzt faß ichs, will den werten Namenszug,
> Des lieben Leugners eignen Widersacher,
> Bewegt an die entzückten Lippen drücken:
> Und einen andern fremden Zug erblick ich,
> Und wie vom Blitz steh' ich gerührt — ein J!

So scheint das Entsetzliche gewiß, und doch:

> Eh will ich dieses innerste Gefühl,
> Das ich am Mutterbusen eingesogen,
> Und das mir sagt, daß ich Alkmene bin,
> Für einen Parther oder Perser halten.
> Ist diese Hand mein? Diese Brust hier mein?
> Gehört das Bild mir, das der Spiegel strahlt?

Die letzten Spuren der durch Kant angerichteten Verwirrung stehen in diesen Sätzen Alkmenes, aber sie sind mehr. Für einen Menschen, dem der Glaube an sich, die Identität des Redenden mit dem Ich, der Person mit dieser selben Person den Adel der Seele und die Reinheit der Empfindungen, ja des Leibes bedeuten, hat das Erlebnis etwas Furchtbares, es geht tief unter die Haut der klassisch konturierten Menschen ins Innere. Charis glaubt denn auch nicht an die bloße Möglichkeit:

> Man nimmt ein falsches Kleid, ein Hausgerät,
> Doch einen Mann greift man im Finstern.
> Zudem, ist er uns allen nicht erschienen?

Der richtige Amphitryon nämlich; doch was heißt hier der Richtige, wo zwei richtig sind? Denn Alkmene weiß:

> Ich hätte für sein Bild ihn halten können,

> *Für sein Gemälde, sieh, von Künstlerhand,*
> *Dem Leben treu, ins Göttliche verzeichnet.*
> *Er stand, ich weiß nicht, vor mir, wie im Traum,*
> *Und ein unsägliches Gefühl ergriff*
> *Mich meines Glücks, wie ich es nie empfunden,*
> *Als er mir strahlend, wie in Glorie, gestern,*
> *Der hohe Sieger von Pharissa, nahte.*
> *Er wars, Amphitryon, der Göttersohn!*
> *Nur schien er selber einer mir schon der*
> *Verherrlichten. Ich hätt ihn fragen mögen,*
> *Ob er mir aus den Sternen niederstiege.*

Und Charis sagt darauf, was sie sagen muß:

> *Einbildung, Fürstin, das Gesicht der Liebe!*

Welch eine Figur dialektischen Lockens und Fragens der Jupiter ist, von Führung und Verführung! Wie löst sich in Jupiters Munde Kleists atemlose Sprache zu lyrischem Parlando, 'wenn er von sich selbst spricht:

> *Nimmst du die Welt, sein großes Werk, wohl wahr?*
> *Siehst du ihn in der Abendröte Schimmer,*
> *Wenn sie durch schweigende Gebüsche fällt?*
> *Hörst du ihn beim Gesäusel der Gewässer,*
> *Und bei dem Schlag der üppgen Nachtigall?*

Jupiter hetzt Alkmene, ganz griechischer Gott, immer tiefer in ihre Verwirrung und begeistert sich an der Holdseligkeit dieser Verwirrung. Die irdische Form muß ja versagen vor dem göttlichen Inbild, auch Käthchen träumt den Geliebten, bevor sie ihn besitzt, wie Homburg vom Ruhm träumt, den er erst gewinnen wird. Aber das Irdische ist bei Kleist Zeichen und weist auf das Höhere. Er hat die Spannung deutlicher und «idealistischer» empfunden und gestaltet als Schiller, dessen Figuren zu einem abstrakten Ideal tendieren. In Goethes Faust sind die Gegenwelten deutlich, jeder kann die zwei Seelen in seiner Brust als eine sinnliche und eine geistige in sich entdecken. Bei Kleist erhält das Problem einen unausweichlichen, nötigenden Charakter, wo sich Entzücken und Qual mischen, wie es der moderne Mensch empfindet. Alkmene leidet unvergleichlich reiner und tiefer als die Helden und Heldinnen des klassisch-romantischen Zeitalters, in dem Kleists Leben ablief. Kleists *Amphitryon* «lebt nicht von einem Extrem, sondern vom Blick auf ein tiefer liegendes Sinnbild, in welchem das Spiel aller Pole als Nebeneinander sichtbar ist.» [1] Was auf der einen Seite Posse ist, wird auf der andern Myste-

---

[1] Walter Muschg, Kleist. Zürich 1923. S. 134. — Es gibt zwei Interpretationen des *Amphitryon* von Rang, Thomas Manns Studie in der Neuen Rundschau 1928 und Muschgs Deutung in seinem Kleistbuch. Th. Mann zeichnet

rium. Kleists Sprache zeugt von beidem zugleich. Fortwährend spielt der Blick vom Banalen zum Höchsten und macht immerzu gewiß, daß über der rätselhaften, verstörten und zerbrechlichen Welt eine absolute Ordnung ist als ihre Form, ihr Gesetz. Kein irdischer Gatte kann dem himmlischen Idol entsprechen, und so kommt es dahin, daß die Unschuldigste der Unschuldigen, Alkmene, wie die Marquise von O. den wahren Gatten von sich weist. Überwältigende Täuschung, beseligende Blendung! Geschieht da dem Feldherrn nicht Unrecht? Ja und nein, denn die Dialektik löst sich, wenn der Adler des Gottes über der Szene schwebt. Jupiter, schließlich ganz souverän, verheißt dem Menschen Amphitryon in «seinem» Sohn, Alkmenes Kind, das Höchste:

> Es sei. Dir wird ein Sohn geboren werden,
> Des Name Herkules: es wird an Ruhm
> Kein Heros sich der Vorwelt mit ihm messen,
> Auch meine ewgen Dioskuren nicht.
> Zwölf ungeheure Werke wälzt er türmend
> Ein unvergänglich Denkmal sich zusammen.
> Und wenn die Pyramide jetzt, vollendet,
> Den Scheitel bis zum Wolkensaum erhebt,
> Steigt er auf ihren Stufen himmelan,
> Und im Olymp empfang ich dann den Gott.

Alkmene, ohnmächtig, antwortet mit einem «Ach». Sie ist ganz holdseliges Geschöpf, gehorsam wie klug, und nimmt an, was ihr ein unentwirrbares Beisammen und Ineinander von Erscheinung und Urbild bleiben wird. Die sprachliche Stilisierung der Zeilen nährt sich von der biblischen Verkündigungsszene; jenes «Ach» Alkmenes beschließt ein «Mir geschehe nach deinem Wort».

Was die Welt ausmacht, wird bei Jupiter so deutlich wie an Alkmene, die gequält, und Amphitryon, der gehörnt wird. Alle Rätsel sind bei- und ineinander. Jupiter bedarf der Menschen wie die Menschen des Gottes, auch das Absolute ist Stein in jenem Torbogen und für sich allein sinnlos. Man darf darin keinen Relativismus erblicken. Daß die Menschen auf Gott hin geschaffen und Gott die Erhebung der Menschen ins Paradies zu seiner Verherrlichung bestimmt hat, ist Kleists theologischer Glaube. Der Himmel ist für ihn nicht über der Erde und die Idee ist nicht über der Wirklichkeit, sondern das Paradies erscheint jeweils als leuchtender Punkt auf einer unendlichen Linie, wo das Ich zu sich Ja sagt und die Wirklichkeit ihm dient. Die Geschichte vom Zweikampf berichtet von der Verteidigung der Unschuld, obgleich die Unschuld der Dame sehr unwahrscheinlich ist und sogar das Gottesgericht — an das man als eine letzte Instanz glaubt und glauben muß — scheinbar gegen sie spricht, und hier steht der Satz, daß die Engel das Haupt der Unschuld bewachen.

---

die artifizielle Leistung großartig nach. Muschg wird der dichterischen Konzeption des Stückes gerecht.

Kleist, der preußische Flüchtling, ging nach Dresden, dort lebten alte Freunde wie Rühle und Pfuel, neue wie Adam Müller und Ludwig Tieck. Dort gab es die Familien Schlieben und Körner. Der alte Körner hatte den *Amphitryon* in Händen und suchte einen Verleger dafür. Kleist verkehrte freundschaftlich bei der Familie von Haza, bei einigen Professoren, vor allem aber beim österreichischen Geschäftsträger, dem Grafen von Buol-Mühlingen, einem Gefolgsmann des Grafen Stadion in Wien. Seit Preußen den Kampf gegen den Tyrannen aufgegeben hatte, war Stadions Österreich die Hoffnung der Deutschen. Im Hause Buols wurde der *Amphitryon* vorgelesen, in Dresden fanden sich zum erstenmal Zeitungsnachrichten über die «Gegenwart eines der vorzüglichsten jetzt lebenden Dichters, Herrn v. Kleist.» In Buols Haus wurde eine Liebhaberaufführung des *Zerbrochnen Krugs* vorbereitet. Buol suchte Kleist dem Grafen Ferdinand Pálffy, Direktor des Wiener Burgtheaters, zu empfehlen. Zum ersten Mal fand der Dichter ein erlesenes Publikum für seine Dramen und Novellen. Buols Haus und Adam Müllers publizistisches Geschick haben Kleist das lauteste Echo gegeben, das er im Leben vernommen hat. Hier erhielt er eines Abends an öffentlicher Tafel einen symbolischen Lorbeerkranz.

Schon seit der zweiten Schweizerreise hatte Kleist stets ein Manuskript der *Penthesilea* bei sich. Die Anekdote ist von verschiedenen Seiten bezeugt, wie Kleist eines Abends mit allen Zeichen der Verstörung zu Pfuel ins Zimmer stürzt und ruft: «Sie ist tot, ach, sie ist tot», und wie die Gesellschaft entsetzt aufspringt mit der Frage, w e r tot sei: «Penthesilea, meine Penthesilea ist tot!» Die Hauptarbeit an dem Stück dürfte in Königsberg und Chalons geleistet worden sein. Jetzt, Sommer 1807 in Dresden, wurde sie fertig. Im Juli 1808 bot Kleist sie Cotta zum Verlag an.

Penthesilea und Käthchen gehören zusammen, sie sind aus der gleichen Sippe der Hingerissenen, die nicht wissen, was sie tun, und keine Erklärung für Taten haben, die dem Verstand unbegreiflich bleiben. Das Entsetzen Penthesileas, als man ihr sagt, sie habe die Leiche des geliebten Achill zusammen mit ihren Hunden mit den Zähnen zerrissen, korrespondiert Käthchens Abwesenheit in der Szene unterm Holunderbusch. An Heinrich Joseph von Collin, den österreichischen Dichter, der den Weg zur Burg ebnen half, schrieb Kleist im Dezember 1808: «*Wer das Käthchen liebt, dem kann die Penthesilea nicht ganz unbegreiflich sein, sie gehören ja wie das + und — der Algebra zusammen und sind ein und dasselbe Wesen, nur unter entgegengesetzten Beziehungen gedacht.*»

Das Stück läuft ohne Akte in 24 Szenen über das Schlachtfeld bei Troja. Unter Führung ihrer Königin Penthesilea rückt das Heer der Amazonen aus Kleinasien an. Die Trojaner hoffen durch sie entsetzt zu werden und erleben die erste Enttäuschung, als sich die Weiber auf das ihnen zur Begrüßung entgegengesandte Corps stürzen. Die

Griechen, mit der Verblendung großartig dümmlicher Heroen, halten ihrerseits die Amazonen für Verbündete, werden aber mit gleicher Wildheit abgewiesen.

Auf dem Schlachtfeld sind sich Penthesilea und Achill begegnet; sie sucht den Sohn der Thetis, und der sucht sie. Diese Begegnung, die Liebe ist, steht unter dem Zeichen der Schlacht. Die Amazonen müssen sich, sonst männerlos, in der Schlacht einen Mann suchen, den sie zum Rosenfest der unaussprechlichen Vereinigung heimführen. Die Erfindung des Mythus ist zum großen Teil Kleists Werk. Er kannte nur vom Hörensagen die Amazonensage, wo Achill die Penthesilea tötet — oder umgekehrt. Die Gründungssage des Amazonenstaats und die Verbindung der Gründung mit dem Geschick der Heldin sind von ihm erfunden. Das allein beweist Kleists Souveränität über den Stoff und die Charaktere.

Achill, aus dem Geschlecht der großen Galane, kennt das Gesetz der Amazonen nicht. Freiwillig will er sich fangen lassen, um in der süßen Gefangenschaft des Rosenfestes Penthesilea zu gewinnen. Als sie entdeckt, daß sie ihren Helden nicht besiegt, dieser sie vielmehr getäuscht hat, verwandelt sie sich in die Furie. In ihr erscheint zum ersten Mal die Kleistsche Vertilgungswut personifiziert in Verbindung mit dem Eros. Küsse und Bisse reimen sich, sagt Penthesilea. Liebe und Tod werden eins im Rausch, Tod ist Erfüllung, die Welt ein Schlachtfeld. Penthesilea sagt:

> *...und meiner Seele ging*
> *Die große Welt des heitern Krieges auf.*

Der Krieg ist in dem «ausgespannten Musternetz» der Welt jene Masche, wo Grausamkeit und Siegeslust, heißes Gefühl und todesverachtende Tat eins werden. Dies Seinsgefühl ist dem Bürger schauerlich, verwandt ist es dem Rasen der germanischen Berserker, aber auch der pietistischen Lust, seinem Jesus entgegenzusterben. Achill sagt zu den Griechen:

> *Den Wagen dort*
> *Nicht ehr zu meinen Freunden will ich lenken,*
> *Ich schwörs, und Pergamos nicht wiedersehn,*
> *Als bis ich sie zu meiner Braut gemacht,*
> *Und sie, die Stirn bekränzt mit Todeswunden,*
> *Kann durch die Straßen häuptlings mit mir schleifen.*

Diesem Ausspruch korrespondiert später Penthesilea:

> *Dem ist ein Pfeil*
> *Geschärft des Todes, der sein Haupt, was sag ich?*
> *Der seiner Locken eine mir berührt!*
> *Ich nur, ich weiß den Göttersohn zu fällen.*
> *Hier dieses Eisen soll, Gefährtinnen,*
> *Soll mit der sanftesten Umarmung ihn*
> *(Weil ich mit Eisen ihn umarmen muß!)*
> *An meinen Busen schmerzlos niederziehn.*

Achill tötet Penthesilea
(Griechische Schale, München)

Zum Schluß Achill zu Prothoe:

ACHILL: *Mein Will ist, ihr zu tun, muß ich dir sagen,*
   Wie ich dem stolzen Sohn des Priam tat.
PROTHOE: *Wie, du Entsetzlicher!*
ACHILL: *— Fürchtet sie dies?*
PROTHOE: *Du willst das Namenlos' an ihr vollstrecken?*
   Hier diesen jungen Leib, du Mensch voll Greuel,
   Geschmückt mit Reizen, wie ein Kind mit Blumen,
   Du willst ihn schändlich, einer Leiche gleich —?
ACHILL: *Sag ihr, daß ich sie liebe.*
PROTHOE: *Wie? Was war das?*
ACHILL: *Beim Himmel, wie! Wie Männer Weiber lieben;*
   Keusch, und das Herz voll Sehnsucht doch, in Unschuld,
   Und mit der Lust doch, sie darum zu bringen.
   Ich will zu meiner Königin sie machen.

Doch fehlt Achill die unbedingte Lust an der Vollstreckung dieses Willens. Als Mann kann er die gefangene Geliebte nicht töten und denkt an das Idyll der Liebe mit ihr in Phthia, seiner Heimat. Dieser männlich normalen Vorstellung gegenüber schaudert Penthesilea, deren Vorbild dereinst Ulrike Kleist, die Männin, gewesen war. Sie fällt in Ohnmacht. Ulrike liebte den Bruder mit einer radikalen und in der Wirklichkeit immer wieder bestätigten Idealität. Von ihr spricht Penthesileas Vers: *«Staub lieber als ein Weib sein, das nicht reizt»*, und *«Fluch mir, empfing ich jemals einen Mann, den mir das Schwert nicht zugeführt.»* Penthesilea spielt öfter darauf an: *«Sie ist mir nicht, die Kunst, vergönnt, die sanftere, der Frauen!»* Ein ganzer Staat solcher Weiber ist unmenschlich, und Penthesilea weiß um die Ironie: *«Den Spott der Männer werd' er reizen nur.»* [1] In Penthesilea und Achill ist Menschengröße überdimensioniert, die Götter stehen in ihrem Dienst, auch die Natur:

> *Seht, seht, wie durch der Wetterwolken Riß,*
> *Mit einer Masse Licht, die Sonne eben*
> *Auf des Peliden Scheitel niederfällt!*

Diese Beispiele zeigen über das Inhaltliche hinaus eine ungeheure Bildmacht des Dichters. Wer so zu sprechen weiß, hat mehr zu sagen und zu fordern als das Theater einer Zeit, wo die Liebe edel war und Blut und Kot und Hunde nicht erscheinen durften. Erst fünfzig und hundert Jahre später tauchen Motive und Bilder eines Passus wie dieses in der deutschen und französischen Literatur wieder auf:

> *Wenn die Dardanerburg, Laertiade,*
> *Versänke, du verstehst, sodaß ein See,*
> *Ein bläulicher, an ihre Stelle träte;*
> *Wenn graue Fischer, bei dem Schein des Monds,*
> *Den Kahn an ihre Wetterhähne knüpften;*
> *Wenn im Palast des Priamus ein Hecht*
> *Regiert, ein Otter- oder Ratzenpaar*
> *Im Bette sich der Helena umarmten:*
> *So wärs für mich gerad soviel als jetzt.*

Korrespondierend dem harten findet sich der weiche Ton. Über Penthesilea sagt die Priesterin:

> *Sie war wie von der Nachtigall geboren,*
> *Die um den Tempel der Diana wohnt.*
> *Gewiegt im Eichenwipfel saß sie da,*
> *Und flötete, und schmetterte, und flötete,*
> *Die stille Nacht durch, daß der Wandrer horchte.*

Der eigentliche Vorgang, das weiß Kleist mit Penthesilea und allen

---

[1] Man kann in Kleists Ironie dem Amazonenstaat gegenüber ein Echo seiner Ironie dem «Contrat social» Rousseaus gegenüber sehen — jedoch nicht mehr.

Szene aus «Penthesilea» (Maria Wimmer, Heinz Baumann)

seinen Gestalten, spielt im Innern. Umstände und Verkettungen sind nur Katalysatoren:

> *Nicht dem Gegner, wenn sie auf ihn trifft,*
> *Dem Feind im eignen Busen wird sie sinken.*

und dann wieder eine Anspielung auf die Unfaßlichkeit des Herzens:

> *Jeder Busen ist, der fühlt, ein Rätsel.*

Solche Sentenzen sind nicht als Schlüssel zum Werk geprägt, sondern sie sind Signale, die für den jeweiligen Augenblick gelten. Was konnte dieser Dichter noch von der Aufklärung seiner Jugend erwarten, was vom sentimentalen Menschenbild? Beide kannten weder Blut noch Person als Unsagbares und Einmaliges, auch nicht die rauschhafte Erhöhung des Seins durch Liebe, Schmerz, Krieg und Tod. Kleist hatte sich gelegentlich für den modischen Somnambulismus interessiert und hörte mit Freunden Vorträge darüber. Doch in seinen Stücken ist der Tiefschlaf der Ohnmacht Symbol dafür, daß der Mensch nichts wissen kann und sich ein Rätsel bleibt. Die angerufenen Götter sind antik kostümiert, weit vom Christlichen, sie sind, wie in der späten Antike, Sinnbilder der Dämonen in der Brust.

Gestaut, gespalten, zergliedert, zerhackt, dann geballt und blitzartig entspannt, wird die dichterische Sprache Kleists Ausdruck für einen «seelenzerstörerischen Verlauf des Geschehens».[1] Penthesilea ist einmalig, «ihre Einmaligkeit birgt in sich das Tragische». Dem Zwang ihres Soseins, bestehend aus Herrschsucht, Bindung an den Staat und seine Sitten, das unnatürliche Gesetz, Hörigkeitswillen, jungfräulicher Scheu und erotischer Benommenheit, kann sie nicht entgehen, w e i l sie Penthesilea ist. Sie ist keineswegs «der Mensch» oder der kleistische Mensch, sie ist weder Abbild noch Vorbild. Was besteht und existiert, existiert nach Kategorien, deren Prinzipien im Ich liegen; alle Metaphysik war Kleist «Mythologie» geworden — und nun wurde die mythische selbstgebaute Welt ad absurdum geführt. Man glaubt nicht, was die andern sagen; Penthesilea will nicht glauben, daß s i e Achill entstellt hat: «*und stünds mit Blitzen in die Nacht geschrieben, und rief es mir des Donners Stimme zu, so rief ich doch noch beiden zu: ihr lügt*». Kleist schuf da einen neuen Menschen und stürzte ihn gleich wieder um. Penthesilea stirbt, als sie erfaßt, daß die Prämissen dieser neuen Welt und ihrer Existenz nicht stimmen.

Kleists Anliegen war, bezogen auf die Antike, so legitim wie das Goethes in der *Iphigenie*, eine Kontrafaktur. Die Mitwelt duldete aber dies Bild nicht neben dem gewohnten. Sie duldete — mit andern Worten — nicht, daß jemand wirklich die Konsequenzen aus

---

[1] Günther Müller, Geschichte der deutschen Seele. Freiburg i. B. 1939. S. 412.

der kopernikanischen Wendung Kants zog. Kleist wußte es und schrieb am 24. Januar 1808 folgenden Brief an Goethe:

«Hochwohlgeborner Herr,
Hochzuverehrender Herr Geheimrat,
Ew. Exzellenz habe ich die Ehre, in der Anlage gehorsamst das erste Heft des Phöbus zu überschicken. Es ist auf den ‹Knieen meines Herzens›, daß ich damit vor Ihnen erscheine; möchte das Gefühl, das meine Hände ungewiß macht, den Wert dessen ersetzen, was sie darbringen.
Ich war zu furchtsam, das Trauerspiel, von welchem Ew. Exzellenz hier ein Fragment finden werden, dem Publikum im Ganzen vorzulegen. So, wie es hier steht, wird man vielleicht die Prämissen, als möglich, zugeben müssen, und nachher nicht erschrecken, wenn die Folgerung gezogen wird.
Es ist übrigens ebensowenig für die Bühne geschrieben, als jenes frühere Drama: der Zerbrochene Krug, und ich kann es nur Ew. Exzellenz gutem Willen zuschreiben, mich aufzumuntern, wenn dies letztere gleichwohl in Weimar gegeben wird. Unsre übrigen Bühnen sind weder vor noch hinter dem Vorhang so beschaffen, daß ich auf diese Auszeichnung rechnen dürfte, und so sehr ich auch sonst in jedem Sinne gern dem Augenblick angehörte, so muß ich doch in diesem Fall auf die Zukunft hinaussehen, weil die Rücksichten gar zu niederschlagend wären ...
Der ich mich mit der innigsten Verehrung und Liebe nenne Ew. Exzellenz gehorsamster

Heinrich von Kleist.»

Goethe konnte freilich nicht zustimmen; ihn mußten die selbstzerstörerischen Kräfte verdrießen, denen er längst, menschlich vorsichtiger und weiser als Kleist, entsagt hatte. Wie konnte sich der junge Mann unterfangen, die olympisch beschwichtigte Ruhe zu stören? Er gab unverblümt Antwort: «Auch erlauben Sie mir zu sagen, daß es mich immer betrübt und bekümmert, wenn ich junge Männer von Geist und Talent sehe, die auf ein Theater warten, welches da kommen soll. Ein Jude, der auf den Messias, ein Christ, der aufs neue Jerusalem, und ein Portugiese, der auf den Don Sebastian wartet, machen mir kein größeres Mißbehagen. Vor jedem Brettergerüste möchte ich dem wahrhaft theatralischen Genie sagen: hic Rhodus, hic salta! Auf jedem Jahrmarkt getraue ich mir, auf Bohlen über Fässer geschichtet, mit Calderóns Stücken, mutatis mutandis, der gebildeten und ungebildeten Masse das höchste Vergnügen zu machen.» (1. Febr. 1808)
Der Epigrammatiker Kleist hat in der *Dedikation der Penthesilea* voll Hohn geschrieben:

> *Zärtlichen Herzen gefühlvoll geweiht. Mit Hunden zerreißt sie,*
> *Welchen sie liebet, und ißt, Haut dann und Haare, ihn auf.*

und Herrn von Goethe wird ein Hieb erteilt:

Siehe, das nenn ich doch würdig, fürwahr, sich im Alter beschäftgen!
Er zerlegt jetzt den Strahl, den seine Jugend sonst warf.

Käthchen von Heilbronn beharrt auf ihrer Liebe, trotz Vater und Gericht, trotz Kränkung und Drohung. Penthesilea will mehr, sie empfindet, wenn die Aneignung des Idols erzwungen ist, ein elementares Ungenügen und will Haut und Haare des Opfers. An Marie von Kleist schrieb der Dichter: «*Sie hat ihn wirklich aufgegessen, den Achill, vor Liebe*», als er ihr, Spätherbst 1807, die Vollendung des Stückes mitteilte, und auf ihre Antwort schrieb er:

«*Es ist wahr, mein innerstes Wesen liegt darin, und Sie haben es wie eine Seherin aufgefaßt: der ganze Schmerz zugleich und Glanz meiner Seele. Jetzt bin ich nur neugierig, was Sie zu Käthchen von Heilbronn sagen werden, denn das ist die Kehrseite der Penthesilea, ihr anderer Pol, ein Wesen, das ebenso mächtig ist durch gänzliche Hingebung, als jene durch Handeln.*»

Das Symbol der Hingabe und des Nehmens des Leibes in jenem gesellschaftlichen Zustand, in dem sich Achill und Penthesilea befinden, ist der Krieg. Er ist ein Paradies im Kleistschen Sinne, nämlich Ort, wo die gemeine Wirklichkeit überhöht aufscheint. Wenn das für den Leib und zwischen den Geschlechtern gilt, also erotisch, als Jagd der Männin auf den Mann, so war ein sittlicher Zustand postuliert, den Antike, Christentum und Aufklärung verwarfen und erst ein rätselhaftes neues Zeitalter anerkennen sollte: das Recht der Frau auf den Mann. Das Versagen provoziert in immer neuer Bewegung die Leidenschaft, von der «Armut» des Eros geht der Antrieb aus. Was heißt da, und wo bleibt die Wirklichkeit? Sie hängt nicht an den Sinnen oder Farben, wie Kleist mit deutlicher Spitze gegen die Flucht des Augenmenschen Goethe in die Farbenlehre sagt. Sie geschieht vielmehr am Ort des Traums und des guten Willens. Goethe hatte unter Opfern begriffen, daß das Wort ein Leib der Idee ist und darum nicht bloß Mittel, sondern Form der Dichtung war. Kleist hat es geleugnet, wie der Kuß der Geliebten für ihn schal war, weil die Dialektik ihm sagte, wie lächerlich das Küssen sei. Kleist ging wie Penthesilea an der Wirklichkeit vorbei. Jenes hic Rhodus, hic salta, das ihm Goethe zurief, hat er nicht fassen können. Er und seine Penthesilea standen unter einem dämonischen Zwang. Penthesileas Tod — sie stirbt von innen heraus, am Schmerz — sühnt die Schuld am ewigen Gesetz, das sie lebend verachtet hatte. Wenige Jahre später suchte Kleist den eigenen Tod, aber der wirkt nicht schicksalhaft, sondern traurig.

Das *Käthchen von Heilbronn* hat den Untertitel «*Die Feuerprobe, großes historisches Ritterschauspiel.*» Nirgends hat sich Kleist wieder so mit dem, was nach landläufiger Meinung Romantik heißt, erfüllt, mittelalterliche Szenerie, Ritter und Burgfräulein, biedere Stadtbürger mit schönen Töchtern, das Gericht der heiligen Feme, ein Gottesgericht und die alle irdische Gerechtigkeit transzendierende Macht des Kaisertums. Wie die Kulisse, lebt die Handlung des Dramas von märchenhaften und legendären Zügen, von naiver Frömmigkeit und abgründiger Falschheit. Käthchens Schönheit wird dem Gericht von ihrem eigenen Vater beschrieben:

«Zuvörderst müßt ihr wissen, ihr Herren, daß mein Käthchen Ostern, die nun verflossen, fünfzehn Jahre alt war; gesund an Leib und Seele, wie die ersten Menschen, die geboren worden sein mögen; ein Kind recht nach der Lust Gottes, das heraufging aus den Wüsten, am stillen Feierabend meines Lebens, wie ein gerader Rauch von Myrrhen und Wacholdern! Ein Wesen von zarterer, frommerer und lieberer Art müßt ihr euch nicht denken, und kämt ihr, auf Flügeln der Einbildung, zu den lieben, kleinen Engeln, die, mit hellen Augen, aus den Wolken, unter Gottes Händen und Füßen, hervorgukken. Ging sie in ihrem bürgerlichen Schmuck über die Straße, den Strohhut auf, von gelbem Lack erglänzend, das schwarzsamtene Leibchen, das ihre Brust umschloß, mit feinen Silberkettlein behängt: so lief es flüsternd aus allen Fenstern herab: das ist das Käthchen von Heilbronn, ihr Herren, als ob der Himmel von Schwaben sie erzeugt, und, von seinem Kuß geschwängert, die Stadt, die unter ihm liegt, sie geboren hätte. Vettern und Basen, mit welchen die Verwandtschaft, seit drei Menschengeschlechtern, vergessen worden war, nannten sie, auf Kindtaufen und Hochzeiten, ihr liebes Mühmchen, ihr liebes Bäschen; der ganze Markt, auf dem wir wohnten, erschien an ihrem Namenstage, und bedrängte sich und wetteiferte, sie zu beschenken; wer sie, nur einmal, gesehen und einen Gruß im Vorbeigehen von ihr empfangen hatte, schloß sie acht folgende Tage lang, als ob sie ihn gebessert hätte, in sein Gebet ein...»

War Alkmene eine Fürstin, Penthesilea eine Heroine, so ist Käthchen ein Kind aus dem Volke, gleichen und nur um so holderen Ranges, als ihre soziale Stellung ihn rührend macht. Sie folgt dem Grafen vom Strahl auf Schritt und Tritt, so daß ihn Theobald der Zauberei beschuldigt, denn so hündisch, so blind, so vertrauend ist nie ein Mädchen dem Geliebten gefolgt. Sie hat sich aus einem dreißig Fuß hohen Fenster auf die Straße gestürzt und ist ihm, obgleich das Becken gebrochen war, nachgelaufen: Sieg des Geistes über den Körper. Das Motiv bezeichnet die Verachtung dessen, was Penthesileas Stolz war, des Leibes. Ähnliche Szenen wiederholen sich. So wird Käthchen von der bösen Rivalin Kunigunde in ein brennendes Schloß geschickt; es stürzt über ihr zusammen, doch ein sichtbar werdender Cherub beschützt sie. Ihre Liebe zum Grafen ist steter Traum; sie sagt ständig: «Ja, mein hoher Herr» oder «Weiß nit, mein hoher Herr.» Sie fällt wie alle Kleistschen Helden in Ohnmacht, wenn die Kräfte des Herzens überfordert werden, das heißt hier: wenn der Graf ihr befiehlt, zu ihrem Vater zurückzukehren.

Der zweite Akt beginnt im Wald in einer Höhle. Der Graf wird sich der Liebe zu Käthchen in einer überschwänglichen, orientalische Bilder benützenden Sprache bewußt, die man in der hohen

Szene aus dem «Käthchen von Heilbronn»
(Elisabeth Lennartz, Carl Ebert)

Literatur sonst nicht kennt, der Sprache einer genial überhöhten Schmiere:

«O du — — wie nenn ich dich? Käthchen! Warum kann ich dich nicht mein nennen? Käthchen, Mädchen, Käthchen! Warum kann ich dich nicht mein nennen? Warum kann ich dich nicht aufheben, und in das duftende Himmelbett tragen, das mir die Mutter, daheim, im Prunkgemach, aufgerichtet hat? Käthchen, Käthchen, Käthchen! Du deren junge Seele, als sie heut nackt vor mir stand, von wollüstiger Schönheit gänzlich triefte, wie die mit Ölen gesalbte Braut eines Perserkönigs, wenn sie, auf alle Teppiche niederregnend, in sein Gemach geführt wird! Käthchen, Mädchen, Käthchen! Warum kann ich es nicht? Du Schönere, als ich singen kann, ich will eine eigene Kunst erfinden, und dich weinen. Alle Phiolen der Empfindung, himmlische und irdische, will ich eröffnen, und eine solche Mischung von Tränen, einen Erguß so eigentümlicher Art, so heilig zugleich und üppig, zusammenschütten, daß jeder Mensch gleich, an dessen Hals ich sie weine, sagen soll: sie fließen dem Käthchen von Heilbronn! . . .»

Welch eine Sprache! Die Welt ist ein in Traumzustand versetztes Paradies der Liebe, sinnlichglühend, schwül verzückt — doch der Gang der Handlung bricht ab, die Szene wechselt drastisch zu anderer Umgebung und andern Gestalten. Es ist, als ob nun eine Posse begänne, wenn der Rheingraf eine Fehde um drei Städte und siebzehn Dörfer gegen Kunigunde ansagt, eine «rasende Megäre», die ihm in gleicher Sache schon den dritten Reichsritter auf den Hals schickt. In einer Köhlerhütte soll Kunigunde als Gefangene entführt werden, schauerliches Unwetter draußen, doch Graf Friedrich befreit sie, wobei der Zufall eine große Rolle spielt, und führt die Überraschte als Braut-Gefangene aufs Schloß seiner Mutter. *So wahr als ich ein Mann bin, die begehr ich zur Frau.»* Wo bleibt das Käthchen?

Der Graf hat in der Silvesternacht geträumt, er werde eine Tochter des Kaisers heiraten. Da Kunigunde vom Stamm der sächsischen Kaiser ist, glaubt er den Traum erfüllt. Kunigunde, mit den Mitteln des Putztisches jung und schön gemacht, ist in Wirklichkeit ein häßliches Knochengestell. Doch die Männerwelt läßt sich allzu gern täuschen. Es macht den Gang der dramatischen Handlung, wie der Graf langsam einsieht, daß Kunigunde eine falsche, Käthchen die richtige Kaisertochter ist. Etwa vom vierten Akt an verliert das Stück den tragischen Unterton, weil sich ein guter Ausgang anbahnt: die weiße Magie Käthchens wird die schwarze der Kunigunde besiegen, und jener Silvestertraum geht trotzdem in Erfüllung, denn Käthchen, die in der gleichen Nacht, als er von ihr träumte, vom Grafen als ihrem Mann geträumt hat, i s t eine Kaisertochter, denn die Majestät erinnert sich, vor sechzehn Jahren in Heilbronn eine Bürgerstochter verführt zu haben.

Dadurch bleibt eine Last auf dem Stück liegen; der Bravste der

Braven, der Heilbronner Waffenschmied, ist zum Hahnrei geworden, und es gehört zu den märchenhaft-naiven Zumutungen des Stücks, daß kaiserliche Hoheit mit ihrer Erklärung die beschädigte Ehre eines Mannes auch im Intimsten herstellen darf und kann. Gleichviel, es bleibt ein Rest, und Kleist, der kein Thema unerledigt ließ, hatte dies Motiv im *Amphitryon* abgehandelt, wo der Ehebrecher ein Gott ist.

Früh schon erkannte man, daß Kleists *Käthchen von Heilbronn*, obgleich wie keins seiner Stücke emotionale Einheit, aus zwei nicht immer geschickt übereinandergeleimten Handlungen besteht, die sich freilich spiegelbildlich verhalten. Die eine Handlung ist die possenhafte um die Entführung Kunigundes und die Enthüllung ihrer Schönheit als schnödes Produkt geschickter Friseure, Zahnärzte und Schmiede — übrigens Enthüllungen auf heikle Art, im Bade, wo sie vom erschrockenen Käthchen gesehen wird — und die andere ist die eigentliche Handlung zwischen Käthchen und ihrem Idol. Kunigunde ist der rechnende Bösewicht, spielend mit den Männern; Käthchen ist naiv-schönes Märchenmädchen, das dem Vorbestimmten verfällt. Im Grafen sind bewußter und naiver Charakter gemischt; er ist Doppelgänger seiner selbst, liebt Käthchen und liebt Kunigunde, er ist unsicher, schwankt, folgt einmal dem träumenden Herzen, ein andermal dem politischen Verstand. Im tiefsten Herzen weiß er freilich immer, daß Käthchen die eigentliche Braut ist, das Inbild, und seit je für ihn bestimmt.

Die Kunigunde-Szenen waren die ersten. Die Urfassung des Dramas, welche vor der Phöbus-Fassung liegt, begann mit dem zweiten Auftritt des zweiten Akts. Das Stück hieß *Kunigunde von Thurneck* und enthielt folgende Szenen des jetzigen Dramas: II, 2 — 13; III, 2 — 4, 7 — 10, 13, 15 — 16; IV, 1, 7 — 9; das Stück reichte also bis zur Entdeckung des künstlichen Charakters der Kunigunden-Schönheit.[1] Nun berichtet Tieck, die erste Kunigunde sei eine Nixe gewesen, deren Leib von den Hüften abwärts in einen Fischschwanz ausgelaufen sei, und habe versucht, das Käthchen zu sich in ihr Wasserreich hinabzuziehen. Der Dichter habe die Änderung ihres Charakters zum Possenhaft-Grotesken bedauert. Das ist verständlich, denn eine nixische Kunigunde symbolisiert die unter- und abgründige elementarische Natur im Gegensatz zur Herz- und Seelenwelt Käthchens viel besser als die von Friseuren, Zahnärzten und Kunstschmieden hergerichtete. Sie stammte aus dem Märchen, das

---

[1] Hans M. Wolff, Heinrich von Kleist. Bern 1954, druckt im Anhang Rekonstruktionsversuche der erschlossenen «Urfassungen» folgender Dichtungen Kleists ab: *Familie Schroffenstein, Käthchen, Penthesilea, Findling, Bettelweib, Marquise von O., Prinz von Homburg*. Vor allem beim *Käthchen* scheint der Versuch gelungen zu sein. Wolff hat durch seine Rekonstruktionen einen neuen, m. E. problematischen Datierungsplan der Kleistschen Werke aufgestellt.

Kleists Kamerad Fouqué in seiner *Undine* behandelt hat. Aber für Kleist war die Entlarvung der Un-Natur wichtiger.

Kunigunde und Penthesilea werden motivisch im Käthchen zusammengebracht, wenn es heißt: «*Thalestris, die Königin der Amazonen, als sie herabzog vom Kaukasus, Alexander den Großen zu bitten, daß er sie küsse: sie war nicht reizender und göttlicher als sie.*» Wegen der Dialektik, sahen wir, fand Kleist das Küssen lächerlich. Des weiteren wird im Käthchen eine Definition der Schönheit mit humoristischen Worten über die platonische Philosophie gegeben; etwas wie «die Schönheit» kann es für Kleist nicht geben. Der Kunigunde nützen ihre Korsetts und Chemikalien nur im Augenblick, wo sie die Männer täuschen will. Schön ist nur Käthchen, und die weiß es nicht, weil Schönheit Habitus ihrer Person ist. Die ganze Dialektik des Aufsatzes über das Marionettentheater steckt in diesen Gestalten a l s Gestalten. Das Drama aber ist, wie das Leben, einmalig und deshalb nicht zu abstrahieren.

Das Nixenhafte an Kunigunde ist die Verführungslust. Käthchens magische Kräfte sind anderer Art, Heilkräfte der Heimat, des natürlich Gewachsenen, des traumhaft Bewußten. Die zentrale Szene unterm Holunderstrauch ist nicht nur Gegenstück der grotesken Szene in der Köhlerhütte, sie steht auch in Gegensatz zu Guiskards Wüten gegen die Natur und den Leib, gegen Penthesileas Verzweiflung. In Käthchen verherrlichte Kleist die sonst von den Menschen so mißbrauchte Natur. Zu dieser Natur findet der Graf auf einem langen Wege, der Genesung und Erlösung bringt. Das Drama stellt diesen Weg dar und endet mit der Hochzeit, während Kunigunde mit einem Fluch davonstürzt.

Der Komplex der Handlung war nicht ersonnen oder angelesen. Kleist hatte in Dresden im Körnerschen Hause ein junges Mädchen, Julie Kunze, kennengelernt und war leidenschaftlich von ihr ergriffen. Juliens Vormund war der alte Körner, und Kleist verlangte, als er fortreisen mußte, Julie solle den Briefwechsel mit ihm (wie vor Jahren bei Wilhelmine Zenge) als Geheimnis betrachten, d. h. der Vormund sollte nicht davon erfahren. Für Kleist waren solche Bitten nicht bloß Ausfluß seiner Geheimniskrämerei, sondern in der Geheimhaltung sollte sich das Vertrauen der Liebenden zum Verliebten bewähren. Julie wollte der Bitte nicht nachkommen, sie widersprach ihrer strengen Erziehung. Darüber kam es zum Bruch, und Kleist soll daraufhin den Vorsatz gefaßt haben, ein Mädchen zu zeigen, das sich unbedingt hingibt, ohne ihre Ehre zu opfen. Das ist *Käthchen,* 1807/8 geschrieben, im März 1810 in der deutschen Kaiserstadt im Theater an der Wien uraufgeführt [1].

Eine andere Frage ist die nach der Quelle des Stückes. Kleist gibt an, er habe eine entsprechende Volkssage auf seinen Reisen in Süddeutschland kennengelernt. Man hat daraufhin nach Vorbildern in der Heilbronner Lokalsage gesucht und auch eins gefunden, doch

---

[1] Kleist hat nie eines seiner Stücke auf der Bühne gesehen.

hat Kleist gerade dies wahrscheinlich nicht gekannt. Viel eher könnte der Stoff aus Wielands *Sympathien* oder den von Eschenburg übertragenen englischen Balladen stammen. Der Somnambulismus interessierte die Zeit ungemein, aber es ist nicht so, als sei Kleist durch den Somnambulismus zur Erfindung Käthchens gekommen, sondern er schmolz das romantische Motiv in ihren Charakter hinein. Ratsherren von Heilbronn und das heimliche Gericht gehören zu Goethes *Götz von Berlichingen*. Die Zeitgenossen spürten denn auch deutlich eine literarische Abhängigkeit von Goethe und tadelten wie bei Goethe die Regellosigkeit im Sinne theatralischer Forderungen. Nur wenige Zeitgenossen, Adam Müller und Clemens Brentano, empfingen aus den im *Phöbus* abgedruckten Akten des Stückes eine Ahnung von dem ungeheuren Mehr, das Kleists *Käthchen von Heilbronn* ist. Novalis hatte es in seiner magischen Märchendeutung ausgesprochen: die Welt als ein Geschehen, das dem Befehl der Seele gehorcht. Im *Prinz von Homburg* wird die Lösung des Schlusses deshalb in der ersten Szene vorweggenommen; der Lorbeer ist da, bevor die Welt es weiß.

DER PHÖBUS

Als Brentano wenige Jahre später Kleist in Berlin kennenlernte, sprach er von dem Phöbus Kleist; das war etwas ironisch getönt. Gründung und Redaktion des *Phöbus* hängen eng zusammen mit Kleists erneutem Auftreten in der Literatur. Auf Rat des Appellationsrats Christian Gottfried Körner, des Vaters des Dichters, der sich

auch Schillers schon hilfreich angenommen hatte, wollte Kleist in Dresden eine Verlagsbuchhandlung eröffnen. Zu diesem Zweck lieh er von seinen Freunden Rühle und Pfuel Geld. Da sie aber nicht viel reicher waren als der künftige Buchhändler, bat Kleist Ulrike um Zuschüsse. Er suchte sie sogar zu überreden, außer dringend benötigten 500 Reichsthalern ihr bescheidenes Vermögen in das Unternehmen zu stecken, und versprach

Adam Müller (1779—1829) gab gemeinsam mit Kleist den «Phöbus» heraus.

ihr ein «Interesse», d. h. Zins, von 22 %. Glücklicherweise ist Ulrike klüger gewesen.

In Dresden gab es damals fünf Buchhändler. Daß sie das Unternehmen des Außenseiters Kleist scheel ansahen, läßt sich begreifen. Kleists eigentlicher redaktioneller und geschäftlicher Partner sollte Adam Müller werden, der großes gesellschaftliches und publizistisches Ansehen genoß und den in Dresden akkreditierten Diplomaten Kollegs über den Zusammenhang von Geist und Politik, Wirtschaft und Volk hielt. 1804 war sein berühmtes Werk *Die Lehre vom Gegensatze* erschienen. Mit dem «Gegensatz» meint Müller die Pole von Positiv und Negativ, Objekt und Subjekt, Wissenschaft und Religion, Natur und Kunst. Im Gegensatz zur Absolutheits-Philosophie will er die dualistischen Entgegensetzungen der Aufklärung überwinden und postuliert ein o r g a n i s c h e s Weltbild, dessen Symbol die Kugel ist, ein «immer passendes Gleichnis» aus der Astronomie, wodurch das Verhältnis von Anziehung und Abstoßung Gleichgewicht herrscht. [1]

Wirklichkeit besteht nach Müller nur in «konkreter Situation», und sie ist Ergebnis jeweils von Gegensätzen, also subjektiven und objektiven Bedingungen, wir würden sagen: Sowohl-als-auch, Ambivalenz, Ichbezogenheit und Duverfallenheit. Den revolutionären Zustand der politisch-gesellschaftlichen Welt erklärt Müller aus der abstrakten Denk- und Fühlweise, dem starren Schemadenken der Aufklärer und ihrer ideologischen Beschränkung. Hier wird ihm Edmund Burke zum Vorbild, der englische Vorkämpfer gegen den Jakobinismus. Naturwissenschaftlich sind ihm Goethes, Ritters, Steffens' und Schellings Schriften wichtig, weil sie zeigen, daß Natur und Leben organische Zustände, Entwicklungseinheiten sind. So ist für ihn das Volk mehr als Population eines Landstrichs, mehr als Subjekt und Objekt wirtschaftlicher Prozesse, nämlich eine gewachsene Gemeinschaft mit immanenten Gesetzen. Die Philosophie Müllers richtet sich eher gegen Fichte als gegen Kant. «Ein Subjekt, dem kein Objekt entgegenstände, ist absolut nichts; denn von solchem Subjekt würde bloß behauptet, daß ihm der Gegenstand nicht entgegenstehe, kurz, daß es nicht Subjekt sei . . .»

Kleist fühlte sich zu dem großen Redner und Pädagogen Müller hingezogen, denn Müller hatte wie Kleist Tendenzen der Zukunft im Blut (philosophisch ist er Hegels Vorläufer) und zog das Ausbalancieren vieler Möglichkeiten den linearen Ideologien vor. Menschlich wirkte er vornehm, ja elegant, hatte Zulauf von Damen und übte auf Kleist Einfluß aus, weil er das von Kleist gelebte Chaos, wenn nicht zu einem System, so zu einer Methode führte. Er hat Kleist gesellschaftlich und literarisch nach Kräften gefördert, ertrug dessen wech-

---

[1] Das Kugelgleichnis hatte Herder in der *Kalligone* bereits gegen Kant ausgespielt. Eine moderne politische Gesellschaftslehre vom Gegensatz findet man bei Toynbee, dessen geistigen Vätern A. Müllers Vorbild E. Burke zuzuzählen ist.

Phöbus.

Ein Journal für die Kunst.

Herausgegeben

von

Heinrich v. Kleist und *Adam H. Müller.*

Erster Jahrgang.

Mit Kupfern.

Eilftes u. Zwölftes Stück. Novbr. u. Decbr. 1808.

Dresden,

im Verlage der Waltherschen Hofbuchhandlung.

selnde Stimmungen und Launen mit der größten Geduld, und obgleich man sich oft stritt, fand man immer wieder zusammen.
Dieser Müller dürfte ein Verlagsobjekt bezeichnet haben, dessen Erwerb in damaliger Zeit genügt hätte, die geplante Verlagsbuchhandlung über alle Fährnisse hinwegzubringen, die deutsche Ausgabe des *Code Napoléon.* Es sah ja so aus, als werde ganz Deutschland fran-

zösiert.[1] Die Einführung des einheitlichen Code in dem verwaltungs-mäßig zersplitterten deutschen Sprachgebiet versprach ein glänzendes Geschäft zu werden. Kleist schrieb am 25. Oktober 1807 an Ulrike:

«Es ist nicht unmöglich, daß wir den Codex Napoleon zum Verlag bekommen, und daß unsere Buchhandlung überhaupt von der französischen Regierung erwählt wird, ihre Publikationen in Deutschland zu verbreiten; wodurch, wie Du leicht denken kannst, die Assiette des ganzen Instituts mit einem Male gegründet wäre. Du wirst nicht voreilig sein, politische Folgerungen aus diesem Schritte zu ziehn...»

Jedoch die Sache scheiterte, und eben deshalb mußte der Gedanke an eine Buchhandlung aufgegeben werden. Das einzige weitere Projekt war eine Ausgabe der von der Familie Hardenberg zur Verfügung gestellten Werke des Novalis, doch auch dies scheiterte, weil die Familie eine Prachtausgabe wünschte, und für eine Prachtausgabe war nicht genug Geld da. So erklärt sich das Auftauchen von Teilen des Novalis-Nachlasses im *Phöbus*. Als man die Zeitschrift plante, war Kleist bereit, ihr mit eigenen Werken einen Charakter zu geben. Mit Umsicht schrieb er an die großen Verlage Deutschlands, um sie zu bitten, seine Zeitschrift, die im Selbstverlag der Herausgeber erscheinen solle, in Kommission zu nehmen. Freilich lag hier der kalkulatorische Fehler, denn es sollte sich zeigen, daß der Buchhandel nicht gesonnen war, das Geschäft für die Außenseiter zu besorgen.

Anfangs ließ sich alles günstig an. In der Gesellschaft ließ man Subskriptionslisten zirkulieren und allein in Dresden fanden sich 50 Abonnenten. Kleist wandte sich um Beiträge an Goethe, Wieland, Jean Paul, Collin, rühmte sich der Novalis'schen Inedita und der Redaktion Adam Müllers, schrieb an die ehemaligen Vorgesetzten in Königsberg, Auerswald, von Schön und Altenstein. Er machte sich Hoffnungen, das Publikum der Schillerschen *Horen* gewinnen zu können, dessen Zahl er mit 3000 freilich weit überschätzte. Die Zeitschrift sollte mit großen Illustrationen, Kupferstichen von Ferdinand Hartmann, illustriert werden, denn sie wollte, wie es im Titel hieß, ein *Journal für die Kunst* sein, vornehm aufgemacht, in Quartformat. Unter «Kunst» verstanden die Herausgeber Literatur, bildende Kunst, Theater, fremde Literaturen. Der Politik gegenüber wollte man unbedingt gleichgültig sein.

Das erste Heft der Zeitschrift erschien Ende Januar 1808, geschmückt mit einem Stich, der den Jüngling Phöbus im Sonnenwagen mit vier Rossen über der Silhouette einer Stadt mit Brücke und Türmen zeigt. Die Stadt war unverkennbar Dresden. Schon die Verspätung, mit welcher das Heft erschien, war ein ungutes Zeichen. Der ansässige Buchhandel war gegen das Unternehmen eingestellt, doch Kleist

---

[1] An vielen deutschen Theatern wurde nur noch in französischer Sprache gespielt. Das ist einer der äußern Gründe, weshalb Kleist so wenig Bühnen fand, die seine Stücke aufführen konnten.

meinte: «*Es kann bei unsern literarischen und politischen Konnexionen gar nicht fehlen, daß wir den ganzen Handel an uns reißen.*»
Hier stand, einleitend, Kleists *Prolog*:

Wettre hinein, o du, mit deinen flammenden Rossen,
Phöbus, Bringer des Tags, in den unendlichen Raum!
Gib den Horen dich hin! Nicht um dich, neben, noch rückwärts,
Vorwärts wende den Blick, wo das Geschwader sich regt!
Donnr' einher, gleichviel, ob über die Länder der Menschen,
Achtlos, welchem du steigst, welchem Geschlecht du versinkst,
Hier jetzt lenke, jetzt dort, so wie die Faust sich dir stellet,
Weil die Kraft dich, der Kraft spielende Übung, erfreut.
Fehlen nicht wirst du, du triffst, es ist der Tanz um die Erde,
Und auch vom Wartturm entdeckt unten ein Späher das Maß.

Es ist ein programmatisches Gedicht, Zweckdichtung, sein Reiz liegt in der Kleistschen Sprache, der gewaltsamen Ballung seiner Vorstellungen in das starre Schema der Strophe und des Rhythmus.
Dann folgte, als erster eigentlicher Beitrag der Zeitschrift, *organisches Fragment aus dem Trauerspiel: Penthesilea*. Es ist der erste Druck, ein Bruchstück von 27 Seiten, das mit eingeschalteten Übergangserklärungen bis zum 22. Auftritt reicht; wo die Amazonen rufen:

Triumph! Triumph! Triumph! Achilleus stürzt!
Gefangen ist der Held! Die Siegerin,
Mit Rosen wird sie seine Scheitel kränzen!

Darauf folgt eine kleine Studie von Adam Müller *Über die Bedeutung des Tanzes*, Kleists Verslegende *Der Engel am Grabe des Herrn*, ein Gedicht von Novalis, dessen Titel *An Dorothee* wohl mit Rücksicht auf Dora Stock verändert wurde (es ist das Novalis'sche Gedicht *Soll dieser Blick voll Huld und Süße*...), dann als essayistischer Hauptteil *Fragmente über die dramatische Kunst und Poesie* von Adam Müller, ein elfseitiger, geschickt durch Untertitel gegliederter Aufsatz, dessen Fortsetzung angekündigt wurde. (Es handelt sich um einen Teil der berühmten Müllerschen Vorlesungen über ästhetische Fragen.) Ein kurzer redaktioneller Aufsatz behandelt das publizistische Anliegen des *Phöbus*, das Thema Popularität und «Mystizismus», d. h. Exklusivität.
«Im Namen der Dichter und Critiker, welche sich hier verbunden, sei es gesagt: Eine weltumfassende Idee populär vorzutragen, kann nichts anderes heißen, als sie in jedem noch so untergeordnetem Kreise des Lebens wiederfinden . . . Darum ist Fichten und so vielen andern der redlichste Vorsatz der Popularität nie gelungen, weil sie nicht vor allen Dingen die begriffen, welche begreifen sollten.» Wissenschaft und Kunst sollen sich nicht zum Publikum herablassen, sondern wahrhaft zugänglich sein. Die Tendenz richtet sich gegen den falschen, damals modischen Mystizismus, eben das, was heute noch als die negative Seite der romantischen Bewegung erscheint.

Dieser Notiz folgt eine schmeichelhafte Charakteristik des schrift-
stellerischen Charakters der Frau von Staël-Holstein. Man hoffte
wohl, die berühmte Schriftstellerin als Mitarbeiterin zu gewinnen,
eine Hoffnung, die ebenso trog, wie die auf Goethe, Jean Paul und
Wieland. Den Abschluß bildete wieder ein Gedicht von Kleist, *Epilog*.
Das war die Zeitschrift, wohl geeignet, literarisches Aufsehen zu erregen. Sie erschien monatlich, einige Hefte mußten als Doppelhefte
erscheinen. Im zweiten druckte Kleist *Die Marquise von O.*, im dritten Fragmente aus dem *Zerbrochnen Krug* und Fabeln, im Heft
April-Mai erschienen Szenen des *Robert Guiskard* (die Kleist aus
dem Gedächtnis noch einmal geschrieben hatte) und Teile des *Käthchen*. Als neue Mitarbeiter tauchen bloß Adam Oehlenschläger und
Friedrich Gottlob Wetzel auf. Das sechste Stück wurde mit *La fête de
la victoire ou la retour des Grecs par Madame de Staël-Holstein* in
französischer Sprache eröffnet. Von Kleist erschien *Michael Kohlhaas*.
Bereits im Mai klagte Kleist, der *Phöbus* müsse unbedingt verkauft,
d. h. die gesamte Auflage abgesetzt werden, wenn man zu Geld kommen wollte. *«Es ist an gar keine Kommission zu denken, weil wir die
Verlagskosten nicht aufbringen können.»* Nur um das hineingesteckte
Kapital zu retten, soll die Zeitschrift durchgehalten werden auf künftige bessere Jahre. Der Krieg stand vor der Tür, der Buchhandel lag
ärger als je darnieder, schon drohte den Herausgebern, die schwere
Zerwürfnisse hatten, ein öffentlicher Skandal.
Das Juliheft enthielt wie das Augustheft keinen Beitrag Kleists. Das
Doppelheft September-Oktober brachte, neben zwei glänzenden Ab-
handlungen von Adam Müller über die griechische Bühne und Frag-
menten über Shakespeare, ein Gedicht von Novalis *Zur Weinlese*
(*Wir haben Weinmond, lieben Leute...*), den 2. Akt des *Käthchen* und
fünf Gelegenheitsgedichte. Das letzte *Phöbus*-Heft, November-Dezem-
ber 1808, enthielt zwanzig Beiträge sehr gemischten Inhalts, die meisten von Wetzel und Graf O. Heinrich von Loeben, von Kleist die
Idylle *Der Schrecken im Bade*. Ab Juli waren die Hefte im Verlag der
Waltherschen Hofbuchhandlung, Dresden, erschienen. Die deckte
nun alle Ausgaben.
Um die Wende dieses Jahres 1808/9 waren Ereignisse eingetreten, die
Kleist von den literarisch-künstlerischen Ambitionen des *Phöbus*
ablenken mußten. Die Hoffnungen, die er auf ihn gesetzt hatte, waren ja ebenso wenig erfüllt wie die auf Müller [1]. Nun war in Österreich der Freiheitskampf gegen Napoleon losgebrochen. Kleists Bei-

---

[1] Der Klatsch der zeitgenössischen Tagebücher will wissen, daß Kleist ge-
droht habe, er werde Müller von der Brücke in die Elbe stoßen. Vor allem
erregte den Moralisten Kleist das Liebesverhältnis Müllers mit einer verhei-
rateten Dame. Müller hielt, wie seine Briefe an Gentz in Wien zeigen,
daran fest, daß Kleist der größte dramatische Dichter der Zeit sei. Aber er
hat ihm durch seinen Übereifer gelegentlich mehr geschadet als genützt. —
Pfuel berichtet mehrfach von Selbstmordabsichten Kleists in Dresden. Sie
wurden nicht ausgeführt, weil Kleist nicht allein sterben wollte.

trag dazu war ein neues Drama, *Die Hermannsschlacht,* und er hoffte auf eine Aufführung in Wien. Das Stück kam den politischen und strategischen Hoffnungen entgegen; es war in seinen Tendenzen unter dem Druck der politischen Lage entschieden auf den Augenblick der Erhebung hin verstärkt worden. Jetzt erst hat Kleist einer antifranzösischen Neigung die Zügel schießen lassen. Er glaubte, in Österreich bereite sich, wie bei der spanischen Erhebung, eine Wende der Ereignisse vor. Ihr rasches Scheitern ist eine der Ursachen der nervösen Exaltation Kleists geworden, die sein Ende herbeizog.

DIE FREIHEIT DER NATION

(Die Hermannsschlacht, politische Lyrik)

Am 1. Januar 1809 bot Kleist sein Drama *Die Hermannsschlacht* über Collin dem Wiener Burgtheater an. Er wünschte, es möge noch früher als das *Käthchen von Heilbronn* auf die Bühne kommen, denn er glaubte den großen Augenblick der Befreiung Germaniens von Rom (Deutschlands von Napoleon) nahe. Im Dezember hatten die französischen Truppen Preußen weitgehend geräumt, da ihr Kaiser sie zur Niederwerfung Spaniens brauchte. Mitte Dezember 1808 hatte Schill einen jubelnd begrüßten Einzug in Berlin gehalten, der König und sogar der Freiherr vom Stein waren in die Hauptstadt zurückgekehrt, Stein mußte allerdings bald vor Napoleons Ächtungsbefehl nach Rußland fliehen.

Aber nicht auf Preußen wartete Kleist, sondern auf Österreich, das sein Heer modernisiert und vergrößert hatte, während die Fürsten des Rheinbunds, Bayerns, Sachsens auf Seiten Napoleons standen und Preußen langsam begann, eine kleine Armee aufzustellen. Österreich hoffte, es werde durch einen Anfangserfolg gegen Napoleon die Norddeutschen mitreißen. Kleist wollte mit der Kaiserlichen Gesandtschaft, wenn sie von Dresden abreisen mußte, nach Wien kommen. Aber erst am 29. April, als Buol Dresden schon verlassen hatte, gelang es ihm, unter Zurücklassung von Schulden, aus Dresden nach Österreich zu fahren. Sein Reisebegleiter war Friedrich Christoph Dahlmann, der spätere Historiker. Sie kamen gerade nach der Schlacht bei Aspern vor Wien an und besuchten das Schlachtfeld, auf dem noch Verwundete lagen. Erzherzog Karls Sieg über Napoleon schien die Erwartungen der Patrioten zu bestätigen, hatte er doch gezeigt, daß Napoleon zu schlagen war. Die Norddeutschen wurden von den Österreichern nicht eben freundlich empfangen, denn Kleist las den verdutzten Soldaten, um seine Gesinnung zu beweisen, eigene patriotische Gedichte vor. Das Mißtrauen gegen die hochdeutsch redenden Herren wurde noch größer, als Kleist seinen Namen nannte. Es fehlte nicht viel, so wäre er als Verwandter des Generals, der Magdeburg an die Franzosen übergeben hatte, verhaftet worden. Ein hinzukommender Offizier

Erzherzog Karl von Österreich in der Schlacht bei Aspern

führte sie zum Hauptquartier, wo die Identität der Reisenden fest-
gestellt wurde.

Der militärische Rückschlag bei Wagram schien für den Augenblick
alle Hoffnungen auf Befreiung umzustürzen. Statt nach Wien gingen Dahlmann und Kleist nach Prag, da Böhmen das einzige Land

Fr. Chr. Dahlmann (1785—1860)

Mitteleuropas war, das vor den Franzosen noch sicher war. An eine Aufführung der *Hermannsschlacht* war seit der Besetzung Wiens nicht mehr zu denken, und ein Druck war bei der jedem Zeitgenossen deutlichen Tendenz des Stückes unmöglich. —

Ganz unerwartet hatte sich im *Amphitryon* Alkmenes Frage nach der Identität ihres Gatten mit Jupiter gelöst. Das Fragen und Suchen im leeren, gleichsam abstrakten Raum wird durch die Offenbarung des Gottes abgeschnitten, sie i s t die Antwort, welche alle Gründe in sich enthält. Die Moral ist unwichtig, wo ein höheres Gesetz das niedere aufhebt. Ins Politische übertragen, hieß das, das Recht des Volkes ist höher als das der legitimen Monarchen, das Recht der natürlichen Gemeinschaft geht über das Recht des einzelnen. In einem für die in Prag geplante *Germania* geschriebenen Beitrag *Über die Rettung Österreichs* heißt es: «Zuvörderst muß die Regierung von Österreich sich überzeugen, daß der Krieg, den sie führt, weder für den Glanz, noch für die Unabhängigkeit, noch selbst für das Dasein ihres Thrones geführt werde, welches, so wie die Sache liegt, lauter niedere und untergeordnete Zwecke sind, sondern für Gott, Freiheit, Gesetz und Sittlichkeit, für die Besserung einer höchst gesunkenen und entarteten Generation, kurz für Güter, die über jede Schätzung erhaben sind, und die um jeden Preis, gleichviel welchen, gegen den Feind, der sie angreift, verteidigt werden müssen.»

Kleists Schriftstellerei und Dichtung im Namen Deutschlands erfolgte nicht aus Nationalismus, sondern aus dem Widerstand gegen die Unterdrückung durch Napoleon; nicht gegen die Franzosen, deren Sprache er sprach und deren Literatur er schätzte, sondern gegen Napoleon «und, solange er ihr Kaiser ist, die Franzosen». Hinter Kleists vaterländischem Pathos steht der Gedanke der Freiheit und Gerechtigkeit. Die von ihm entwickelten Sätze im *Katechismus der Deutschen*, abgefaßt nach dem Vorbild der spanischen Erhebung, hängen viel mehr mit der sittlichen als mit der politischen Idee des Reiches der Deutschen zusammen. Es ist die Frage nach der «konkreten Situation», die in diesen Artikeln die Antwort vom Kaiser Franz und dem Reich der Deutschen findet. Die Deutschen sind kein ideales Volk. Auch der aus der «Hölle entstiegene Vatermördergeist» Napoleons, «der herumschleicht in dem Tempel der Natur, und an allen Säulen rüttelt, auf welchen er gebaut ist», besitzt viele Tugenden, List, Gewandtheit, Kühnheit und Feldherrngenie, und er verdient deshalb Bewunderung und Verehrung. Aber ihn jetzt bewundern, das wäre ebenso verderblich, als wenn ich einen Ringer in dem Augenblick, da er mich in den Kot wirft und mein Antlitz mit Füßen tritt, wegen seiner Kraft bewundern wollte. Man darf Napoleon erst bewundern, wenn er vernichtet ist.

Aus solcher Dialektik nährt sich Kleists Patriotismus; er wäre nie entstanden, wenn nicht Napoleon den Dämon geweckt hätte. Die Deutschen haben eine besondere Unart, die die Vorsehung durch Napoleons Erscheinen vielleicht vertilgen möchte:

Antwort: Der Verstand der Deutschen, hast du mir gesagt, habe, durch einige scharfsinnige Lehrer, einen Überreiz bekommen; sie reflektierten, wo sie empfinden oder handeln sollten, meinten, alles durch ihren Witz bewerkstelligen zu können, und gäben nichts mehr auf die alte, geheimnisvolle Kraft der Herzen.

Frage: Findest du nicht, daß die Unart, die du mir beschreibst, zum Teil auch auf deinem Vater ruht, indem er dich katechisiert?

Antwort: Ja, mein lieber Vater.

Frage: Woran hingen sie mit unmäßiger und unedler Liebe?

Antwort: An Geld und Gut, trieben Handel und Wandel damit, daß ihnen der Schweiß, ordentlich des Mitleidens würdig, von der Stirn triefte, und meinten, ein ruhiges, gemächliches und sorgenfreies Leben sei alles, was sich in der Welt erringen ließe.

Frage: Warum also mag das Elend wohl, das in der Zeit ist, über sie gekommen, ihre Hütten zerstört und ihre Felder verheert worden sein?

Antwort: Um ihnen diese Güter völlig verächtlich zu machen, und sie anzuregen, nach den höheren, und höchsten, die Gott den Menschen beschert hat, hinanzustreben.

Frage: Und welches sind die höchsten Güter der Menschen?

Antwort: Gott, Vaterland, Kaiser, Freiheit, Liebe und Treue, Schönheit, Wissenschaft und Kunst.

Der Katalog der letzten Zeile ist wichtig, er zeigt, welche Ideale Kleist bei Aufstellung des Katechismus vor Augen hatte. Die vielbestaunte Kunst dieser Aufrufe, denn als solche sind sie gedacht, besteht in der einzigartigen Simplifizierung, wie überhaupt für Kleist der Sinn der Kunst nicht in ihr selber liegen kann, sondern in ihren Zwecken. Er verstand sich genau auf die Lage und wußte, daß politische Ziele keine Projekte und Ideen, sondern Realitäten sind. Darum begegnen sich in der eigentlich politischen Dichtung Kleists Ideen und Realitäten, sie sind vielmehr eins: die Idee des Reiches wird konkrete Wirklichkeit in Kaiser Franz und dem deut-

schen Reich, und in der *Hermannsschlacht* ist die Idee der Befreiung
von den Römern Realität nur in der Gestalt Hermanns. In ihm
koinzidieren ein ohne ihn abstrakt bleibendes Wunschbild und die
einmalige Konstellation, die das Außerordentliche Ereignis werden
läßt. Darum ist es verkehrt, aus der *Hermannsschlacht* gleichsam einen deutschen Nationalismus zu abstrahieren, der sich dort als Idee
kristallisiert habe. Das Gegenteil ist der Fall. Die Idee ist einge-
schmolzen in diese eine Gestalt. Es ist die Simplifizierung, die aus
dem nationalen Stück eine große Dichtung macht.

Die Geschichte war bei Kleist bisher eine mythische Kulisse gewesen. In *Penthesilea* hatte er einen Amazonenmythus erfunden, im
Käthchen ein mittelalterliches Kaisertum. Historische Ansprüche
sollten sie nicht erfüllen. Auch in der *Hermannsschlacht* handelt es
sich nicht um eine Historie mit Armin dem Cherusker und Varus
dem Legaten. Die Personen der *Hermannsschlacht* heißen Napoleon-
Varus, Hermann-Österreich als Befreier, Marbod-Norddeutschland
als Zögerer. Die Verbündeten des Varus — Fust, Gueltar, vor allem
Aristan — sind die mit Napoleon verbündeten Fürsten des Rhein-
bundes, Bayern und Sachsen. Das Stück legt gleich zu Anfang die
politischen Verhältnisse dar:

> *Rom, dieser Riese, der, das Mittelmeer beschreitend,*
> *Gleich dem Koloß von Rhodus, trotzig,*
> *Den Fuß auf Ost und Westen setzet,*
> *Des Parthers mutgen Nacken hier,*
> *Und dort den tapfern Gallier niedertretend:*
> *Er wirft auch jetzt uns Deutsche in den Staub.*
> *Gueltar, der Nervier, und Fust, der Fürst der Cimbern,*
> *Erlagen dem Augustus schon;*
> *Holm auch, der Friese, wehrt sich nur noch sterbend;*
> *Aristan hat, der Ubier,*
> *Der ungroßmütigste von allen deutschen Fürsten,*
> *In Varus' Arme treulos sich geworfen;*
> *Und Hermann, der Cherusker, endlich,*
> *Zu dem wir, als dem letzten Pfeiler, uns,*
> *Im allgemeinen Sturz Germanias, geflüchtet,*
> *Ihr seht es, Freunde, wie er uns verhöhnt:*
> *Statt die Legionen mutig aufzusuchen,*
> *In seine Forsten spielend führt er uns,*
> *Und läßt den Hirsch uns und den Ur besiegen.*

Die Szene schließt mit den Worten:

> *Da hast du recht! Es bricht der Wolf, o Deutschland,*
> *In deine Hürde ein, und deine Hirten streiten*
> *Um eine Handvoll Wolle sich.*

Hermann, Fürst der Cherusker und anerkannter Führer der Völker im nördlichen Germanien, will die von Marbod, dem Führer
der südlichen Stämme, begehrte Oberherrschaft über ganz Germanien anerkennen, wenn sich Marbod dem Kriegsplan Hermanns

94

zur Vernichtung der Römer anschließt. Ventidius, der römische Gesandte bei Hermann, spielt ebenso wie Varus ein Doppelspiel; Rom sucht die deutschen Stämme gegeneinander auszuspielen, indem es mit den einzelnen Stämmen Freundschaftsverträge schließt. Es vertraut so sehr der germanischen Zwietracht, daß eine Einigung Marbods und Hermanns dem Römer unfaßlich ist. Die politische Dialektik sieht hier «Verrat», und die Dialektik des politischen Katz-und-Maus-Spiels macht den dramatischen Charakter des Schauspiels aus.

Das Anliegen ist die Feier der Einigung der Unterdrückten gegen die Unterdrücker, nicht einer Nation gegen die andere. Varus und Ventidius fangen sich in Stricken, die sie den Germanen legen. Wenn Hermann und Marbod am Schluß im Teutoburger Wald über das römische Heer siegen, siegt der Anspruch auf Freiheit über den Tyrannen. Es gibt einige Situationen in der *Hermannsschlacht,* die der Interpretation unangenehmen Aufenthalt machen: die gespielte Neigung Thusneldas zu Ventidius und sein Ende im Bärenzwinger, oder das kalt berechnende Abwarten Hermanns bis zur Stunde, wo der Erfolg unausbleiblich ist. Hermanns eigene Opferbereitschaft erwartet auch von den andern alles:

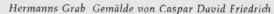

Hermanns Grab Gemälde von Caspar David Friedrich

> Kurz, wollt ihr, wie ich schon einmal euch sagte,
> Zusammenraffen Weib und Kind,
> Und auf der Weser rechtes Ufer bringen,
> Geschirre, goldn' und silberne, die ihr
> Besitzet, schmelzen, Perlen und Juwelen
> Verkaufen oder sie verpfänden,
> Verheeren eure Fluren, eure Herden
> Erschlagen, eure Plätze niederbrennen,
> So bin ich euer Mann —:

WOLF: Wie? Was?
HERMANN: Wo nicht —
THUISKOMAR: *Die eignen Fluren sollen wir verheeren?*
DAGOBERT: *Die Herden töten?*
SELGAR: *Unsre Plätze niederbrennen —?*
HERMANN: *Nicht? Nicht? Ihr wollt es nicht?*
THUISKOMAR: *Das eben, Rasender, das ist es ja,*
  Was wir in diesem Krieg verteidigen wollen!
HERMANN (*abbrechend*):
  Nun denn, ich glaubte, eure Freiheit wärs.

Hermann ruft zum Kampf gegen Römer-Latier-Franzosen, weil sie
Unterdrücker sind; die politische Konzeption geht über jede Nation
hinaus:

> Wenn sich der Barden Lied erfüllt,
> Und, unter e i n e m Königszepter,
> Jemals die ganze Menschheit sich vereint,
> So läßt, daß es ein Deutscher führt, sich denken,
> Ein Britt, ein Gallier, oder wer ihr wollt;
> Doch nimmer jener Latier, beim Himmel!
> Der keine andre Volksnatur
> Verstehen kann und ehren, als nur seine.
> Dazu am Schluß der Ding' auch kommt es noch;
> Doch bis die Völker sich, die diese Erd umwogen,
> Noch jetzt vom Sturm der Zeit gepeitscht,
> Gleich einer See, ins Gleichgewicht gestellt,
> Kann es leicht sein, der Habicht rupft
> Die Brut des Aars, die, noch nicht flügg,
> Im stillen Wipfel einer Eiche ruht.

Hermann weiß und spricht klar aus, daß politische Tat bis zum Extrem der Vernichtung geht:

> Ich aber rechnete, bei allen Rachegöttern,
> Auf Feuer, Raub, Gewalt und Mord,
> Und alle Greul des fessellosen Krieges!
> Was brauch ich Latier, die mir Gutes tun?
> Kann ich den Römerhaß, eh ich den Platz verlasse,
> In der Cherusker Herzen nicht,
> Daß er durch ganz Germanien schlägt, entflammen:

Paul Hartmann als Hermann in Kleists «Hermannsschlacht»

So scheitert meine ganze Unternehmung!

Da Hermann die Aktion will, haßt er die Theoretiker und Schreiber:

> *Die Schwätzer, die! Ich bitte dich;*
> *Laß sie zu Hause gehn. —*
> *Die schreiben, Deutschland zu befreien,*
> *Mit Chiffern, schicken, mit Gefahr des Lebens,*
> *Einander Boten, die die Römer hängen,*
> *Versammeln sich um Zwielicht — essen, trinken,*
> *Und schlafen, kommt die Nacht, bei ihren Frauen. —*

Um die Stämme zur äußersten Erregung aufzustacheln, läßt Hermann die Glieder einer von einem Römer geschändeten Jungfrau an die fünfzehn Stämme schicken. (Das gräßliche Motiv stammt aus dem Alten Testament, Richter 19, 29.) Eher läßt er germanischen Verrätern vergeben, als einen Römer frei laufen. Im Dienst der einen großen Sache wird Recht, was Unrecht war. Gewähr dieses Rechts ist jenes Gefühl, das sich Hermann ebensowenig verwirren läßt wie Penthesilea und Alkmene.

Der Zusammenhang der *Hermannsschlacht* mit Kleists Weltbild läßt sich nicht von den leidenden Subjekten her begreifen. Hier tritt zum ersten Mal das leidende und handelnde Ich aus sich heraus und tritt in Dienst. Kleist hat nach zehn Jahren den Weg aus der ichbefangenen Natur des Selbst zum Du, zur Gemeinschaft gefunden. Das ist der ganz persönliche Sinn seiner Wendung zum Vaterland. Hier heißt das Vaterland Deutschland, im *Prinzen von Homburg* wird es Preußen heißen. Nicht als ob sich Kleist innerhalb eines Jahres von einem deutschen auf ein preußisches Vaterland zurückgezogen hätte. Beide Länder sind im ganzen der gedichteten Motive Sinnbilder für ein Größeres, für ein Gemeinwesen, wo der Mensch nicht allein ist, nicht mehr vor dem Chaos steht. Deutschland oder Preußen sind dichterische Orte, wo die Freiheit des Menschen einen Sinn hat. Sie sind keine absoluten Werte, sondern Namenssymbole, wo man so frei und würdig leben konnte wie Goethes *Iphigenie* in Tauris oder die Helden des klassischen französischen Dramas in Rom oder Athen. Der verwundete Varus spricht es deutlich aus:

> *Da sinkt die große Weltherrschaft von Rom*
> *Vor eines Wilden Witz zusammen,*
> *Und kommt, die Wahrheit zu gestehn,*
> *Mir wie ein dummer Streich der Knaben vor!*
> *Rom, wenn, gebläht von Glück, du mit drei Würfeln doch*
> *Nicht neunzehn Augen werfen wolltest!*
> *Die Zeit noch kehrt sich, wie ein Handschuh, um,*
> *Und über uns seh ich die Welt regieren*
> *Jedwede Horde, die der Kitzel treibt.*

Der shakespearesche Unterton, deutlich bis in Zitate, weist hier wie in den *Schroffensteinern* auf das große Vorbild hin. Auch Shakespeare wollte in den Historien das antikische Schema der zeitgenössischen Dramen brechen und England als den Ort der Freiheit preisen.

Andererseits würde man Kleists Wesen verkennen, wenn man die Flüche und Beschwörungen seiner Rufe und Aufrufe für romantische Poesie hielte, die nicht auch den Gegenstand ihres Sagens gemeint hätte. Die politische Lage hat den Haß auf Napoleon und seine Franzosen zu etwas sehr Konkretem gemacht. Es war die Gunst der Stunde, daß Kleist in Napoleon ein Objekt von weltpolitischem Maß für seinen Haß fand: ohne die napoleonische Gewaltherrschaft wäre Kleists Haß nicht so dämonisch geworden. Von Haus aus Preuße, hatte Kleist die Traditionen seiner Familie mit Füßen getreten. Er hatte den Dienst verlassen, sich dem König und dem Hof verdächtig gemacht, die Familie entfremdet, den Freunden entzogen. Hier, in Dresden, brach nun alles fast pathologisch durch. Wie die Wut der Penthesilea bestaunte man den Römerhaß Hermanns. Wo lebte Kleist geistig? Das Zeitalter konnte ihn nicht verstehen, weil es seine Träume von einem Paradies, dies unbeschreibliche Ineinander von Wirklichkeit und Traum, nicht verstand. Erst durch Tieck kam die *Hermannsschlacht* zum Druck, 1821, und dann hat man sie noch hundert Jahre lang mißdeutet.

Waren die Ereignisse des Jahres 1809 über die aktuelle Minute der «Hermannsschlacht» hinweggegangen, so suchte Kleist von Prag aus mit der Gründung einer neuen Zeitschrift Einfluß zu nehmen, der *Germania*. Er schrieb an Friedrich Schlegel in Wien:

«Teuerster Herr v. Schlegel,
durch den Obristburggrafen, H. Grf. v. Wallis, ist ein Gesuch, das
H. v. Dahlmann und ich um die Erlaubnis, ein Journal, oder eigent-
lich ein Wochenblatt, unter dem Titel Germania herausgeben zu
dürfen, bei der Regierung eingereicht hatte, Sr. Exz. dem H. Grf. v.
Stadion vorgelegt worden. Was dieses Blatt enthalten soll, kön-
nen Sie leicht denken; es ist nur ein Gegenstand, über den der Deut-
sche jetzt zu reden hat. Wir vereinigten uns beide, H. v. Dahlmann
und ich, Sie zu bitten, bei dem H. Grafen, durch Ihre gütige Ver-
wendung, das, was etwa nötig sein möchte, zu tun, um die in Rede
stehende Erlaubnis, und zwar so geschwind, als es die Umstände
verstatten, zu erhalten. Diesem Gesuch fügen wir noch ein anderes
bei, das uns fast ebenso wichtig ist: nämlich uns gefälligst mit Bei-
trägen, oder wenigstens mit e i n e m vorläufig, zu beschenken, in-
dem wir durch die Anerbietungen des Buchhändlers ziemlich in-
stand gesetzt werden, sie so gut, wie ein anderer, zu honorieren.
Es versteht sich von selbst, daß wir (falls die Einsendung nicht zu
stark wäre) sogleich eines der ersten Blätter damit ausschmücken
würden; weniger um Sie zu ehren, was Sie nicht bedürfen, als uns
und unser Institut. Überhaupt will ich mit der Eröffnung desselben

weiter nichts (— denn ihm persönlich vorzustehen, fühle ich mich nur, in Ermangelung eines Besseren, gewachsen), als unsern Schriftstellern, und besonders den norddeutschen, eine Gelegenheit zu verschaffen, das, was sie dem Volke zu sagen haben, gefahrlos in meine Blätter rücken zu lassen. Wir selber nennen uns nicht; und mithin auch keinen andern, wenn es nicht ausdrücklich verlangt wird. Indem wir bald einer gütigen Antwort entgegensehen, schließe ich mit der Versicherung meiner innigen Verehrung und Liebe, und bin, Herr von Schlegel,

Ihr gehorsamster Heinrich v. Kleist.»

Der Brief wurde am 13. Juni 1809 in Prag geschrieben. Die Zeitschrift kam nicht zustande. Die große Bewegung des Krieges brach zusammen und damit war Kleists Absicht, sich mittelbar oder unmittelbar in den Strom der Ereignisse zu stürzen, wie er Ulrike bekannte, gescheitert. Prag war zu einem Fluchtasyl geworden, das außerhalb seiner Pläne lag. Zwar traf er Buol und dieser verschaffte ihm allerlei Bekanntschaften, darunter die des Grafen von Kolowrat, in dessen Palais man den Plan des Wochenblatts bei Verlegern und Behörden zu fördern versprach, aber der Rückschlag von Wagram machte alle Hoffnungen zunichte. Kleist verfiel in eine seiner schweren Krankheiten. Der Überschwang der Gefühle war wieder einmal enttäuscht von der Zerbrechlichkeit der Welt. Im Kloster der Barmherzigen Brüder in Prag wurde er in langen Wochen gesundgepflegt, während seine Bekannten in Berlin ihn für verschollen oder tot hielten. Über diese Monate seines Lebens wissen wir so gut wie nichts.

Aus diesem Jahr stammen nicht nur Kleists Rufe und Aufrufe zur Politik, der *Katechismus der Deutschen* und einige satirische Briefe, die teilweise als Beiträge der *Germania* gedacht waren, sondern die politische Lyrik: *Germania an ihre Kinder* und das großartige Gedicht *An den Erzherzog Karl (als der Krieg im März 1809 auszubrechen zögerte)*:

> *Schauerlich ins Rad des Weltgeschickes*
> *Greifst du am Entscheidungstage ein,*
> *Und dein Volk lauscht, angsterfüllten Blickes,*
> *Welch ein Los ihm wird gefallen sein.*
>
> *Aber leicht, o Herr, gleich deinem Leben*
> *Wage du das heilge Vaterland!*
> *Sein Panier wirf, wenn die Scharen beben,*
> *In der Feinde dichtsten Lanzenstand.*
>
> *Nicht der Sieg ists, den der Deutsche fodert,*
> *Hülflos, wie er schon am Abgrund steht;*
> *Wenn der Kampf nur, fackelgleich, entlodert,*
> *Wert der Leiche, die zu Grabe geht.*

> *Mag er dann in finstre Nacht auch sinken,*
> *Von dem Gipfel, halb bereits erklimmt;*
> *Herr! Die Träne wird noch Dank dir blinken,*
> *Wenn dein Schwert dafür nur Rache nimmt.*

Das Gedicht, halb Huldigung, halb Drohung, stellt nicht den Sieg, sondern den Sturz in den Abgrund in Aussicht, die Winkelried-Tat. Sie wird im großartig verknappten Bild eines fackelerhellten Grabzugs gesehen: eine Leiche, die mit lodernden Fackeln zu Grabe getragen wird. Das Gedicht ist wenige Wochen vor der Schlacht bei Aspern geschrieben. Nach der Schlacht schrieb Kleist ein zweites Gedicht auf den Erzherzog:

> *Hättest du Türenne besiegt,*
> *Der, an dem Zügel der Einsicht,*
> *Leicht, den ehernen Wagen des Kriegs,*
> *Wie ein Mädchen ruhige Rosse, lenkte;*
> *Oder jenen Gustav der Schweden,*
> *Der, an dem Tage der Schlacht,*
> *Seraphische Streiter zu Hülfe rief;*
> *Oder den Suwarow, oder den Soltikow,*
> *Die, bei der Drommete Klang,*

Prag zu Anfang des 19. Jahrhunderts (Stahlstich)

Alle Dämme der Streitlust niedertraten,
Und, mit Bächen von Blut,
Die granitene Bahn des Siegs sich sprengten:
Siehe, die Jungfraun rief ich herbei des Landes,
Daß sie zum Kranz den Lorbeer flöchten,
Dir den Scheitel, o Herr, zu krönen!

Aber wen ruf ich (o Herz, was klopfst du?),
Und wo blüht, an welchem Busen der Mutter,
So erlesen, wie sie aus Eden kam,
Und wo duftet, auf welchem Gipfel,
Unverwelklich, wie er Alciden kränzet,
Jungfrau und Lorbeer, dich, o Karl, zu krönen,
Überwinder des Unüberwindlichen!

Die Form des Gedichts ist die barocke Huldigungsode. Ihre Anrufe und Steigerungen, von Horaz gattungsmäßig bestimmt, bringen die Steigerung durch Nennung der großen Feldherrn, von Turenne und Gustav zu Suworow und Soltikow. Das Gedicht wagt die verstiegene Metapher von den Bächen von Blut, welche die granitene Bahn des Sieges sich sprengten. Die Sprache wird hyperbolisch und verläßt die Logik, um ein poetisches Bild zu artikulieren, das genau in der Mitte der mächtigen Zeilenfolge, die im Grunde einen Satz bildet, steht. Denn nun fällt das Gedicht kaskadisch die Beteuerungen wieder hinab, die es eben erstiegen hat in der Negation, solche Jungfrauen, solchen Gipfellorbeer zu finden, der ihn, Karl, krönen kann, den Überwinder des unüberwindlichen Napoleon.

Mit diesen Gedichten, zu denen das *Kriegslied,* die Lieder *An Franz den Ersten, Kaiser von Österreich* und *An Palafox,* den spanischen General, sowie die Ode zum Einzug des Königs in Berlin im Dezember 1809, und — etwas später — das in drei Fassungen erhaltene Geburtstagsgedicht *An die Königin Luise* kommen, hat Kleist den mächtigsten lyrischen Beitrag zu den Freiheitskriegen gegeben. Die Gedichte der andern, Stolberg, Brentano, Arnim, Körner, Arndt, haben nie diese Form erreicht, sie sind entweder volkstümlich-patriotisch oder privat-emotional, nie haben diese Dichter das an oder auf Personen geschriebene Gedicht zum stellvertretenden Ausdruck für den Geist der Zeit machen können. Kleist scheint für einen Augenblick ungeheurer Erregung die Stimme der Nation geworden zu sein.

Kleists Gedichte sind einzigartig in der deutschen Literatur. Ihr Inhalt und ihr Ton decken sich nicht mit der Lyrik jener Zeit. Sie kommen aus der Tiefe seiner Seele, die sich als einzig und unglücklich empfand und immer wieder versuchte, aus der Tiefe der Erniedrigung durch die Welt, ihren schein- und wahnhaften Charakter, einen paradiesischen Funken zu gewahren. Dieser Funke war im Grunde von Kleists Herzen, und ihn hätte er gern zu einem gewaltigen Feuer gemacht. Denn so zerrissen, widersprüchlich und hilflos er oft zu sein scheint, so brannte doch die Glut tief drinnen,

Königin Luise im Kreis ihrer Familie
(Gemälde von Dähling, 1807)

eine stille, keusche, ja anmutige Flamme, von der seine Frauen-
bildnisse zeugen. Erst wenn Kleist die Kräfte seines Gemüts mit
dem Verstand analysiert und die reinen Absichten durch den Gang
der bösen Welt gereizt und gestört werden, gerät seine Demut in
Verwirrung und versucht zu erzwingen, was nur geschenkt werden
kann. Seine oft bezeugte Musikalität ist, rhythmisch wie im Ton, in
die Gedichte eingegangen: erst laut gelesen, fangen sie an so voll
zu tönen, wie sie entsprungen sind.

Er glaubte an seine «*Bestimmung*», und wollte sie nicht verfehlen. Wenn er den Ereignissen der Politik im entscheidenden österreichischen Raum nahe sein sollte, so sah er auch darin den nur religiös zu deutenden «*göttlichen Auftrag*». Er war tiefer durchdrungen von einer «heiligen» Pflicht, der Bestimmung zu folgen, als die Romantiker seiner Zeit, deren Ton oft unernst, oft verspielt, oft literarisch-taktisch klingt. In den Monaten des Winters 1808/9 glaubte Kleist seiner Bestimmung nah zu sein wie nie zuvor, da das, was i h m teuer war, der ganzen Nation teuer war — oder teuer hätte sein sollen. Zum ersten Mal fühlte er sich befreit aus dem Gefängnis seiner Seele.

MICHAEL KOHLHAAS

In der Novelle *Michael Kohlhaas* hat Kleist die Stufen seines Weltverhältnisses und -verständnisses wie nirgends sonst gespiegelt. Sie lassen sich an der Entstehung der Geschichte eines Manns, der das Recht nimmt, welches ihm die Gesellschaft verweigert, exakt ablesen. Der Erfolg, den Kohlhaas sterbend über das Leben davonträgt, ist von einer zu Tränen rührenden Schlichtheit. Die Erzählung beginnt mit Aufruhr wegen eines verhältnismäßig kleinen Unrechts, das die Junker der Tronkenburg an dem Roßhändler Kohlhaas verüben, indem sie seine als erpreßte Pfänder hinterlassenen Rappen schinden. Da Kohlhaas prozessierend nicht zu den hochmögenden Herren durchdringt, glaubt er sich berechtigt zur Selbsthilfe und setzt mit einer Bande von Plünderern und Brandstiftern dem Land des Fürsten zu, der ihm sein Recht, wie er glauben muß, verweigert.

Die Tronkenburg und ihre Junker sind das Symbol der schnöden Welt der Leuteschinder, Nichtstuer, Prasser, Fresser und Schufte, welche die anständige Welt mit Zöllen, Schlagbäumen, Hunden, Amtsschikane, Verzögerung und Verschleppung schikanieren. Hinter ihr erhebt sich eine reichlich abstrakte Sphäre des «Rechts», die Kohlhaas anfangs gutgläubig in ihrem vornehmsten Repräsentanten, dem Kurfürsten, anruft. Aber es zeigt sich, daß die Nichtstuer und Schufte ihre Vettern und Schwäger am Hof haben und die ideale Welt des Rechts durch Intrigen, Unterschlagung, Advokatenkniffe und Kenntnis eines für den gewöhnlichen Sterblichen undurchdringlichen Geschäftsgangs zur Posse machen. Kohlhaas' erste Handlungen, der offene Krieg, leiten die Erzählung nur ein, denn der Roßkamm geht auf den von Luther vermittelten Scheinfrieden der Amnestie ein und begibt sich nach Dresden, wo man ihm anfangs wohlgesonnen ist und den Handel juristisch zu seinen Gunsten betreibt — bis die Bürokratie ihr fast schon Franz Kafka vorwegnehmendes Übergewicht erhält und das Netz sich über Kohlhaas' Kopf zusammenzieht. Diese Teile der Erzählung sind die frühesten, sie entsprechen nicht nur im revolutionären Pathos, sondern auch in der Korrumpierung des Rechtszustands dem ersten Drama, der *Familie Schroffenstein*.

Die Idee der Erzählung scheint auf einen Fall zurückzugehen, den Kleist als junger Student in Frankfurt an der Oder bei Madihn hörte. Madihn war der Verfasser eines Buches *Grundsätze des Naturrechts*, wo auf das Recht des Individuums zur Selbsthilfe hingewiesen wird, die erlaubt sei, wo der Staat versage. Man hat gefunden, daß die Ortsnamen der Novelle der Reiseroute Kleists auf der Würzburger Reise entsprechen (Hainichen, Döbeln, Erlabrunn, Wilsdruf), so daß der erste Entwurf der in Königsberg fast vollendeten Erzählung schon 1801 entstanden sein könnte. Kleists Hauptquelle der Erzählung ist des Petri Hafftitii *Nachricht von Hans Kohlhasen, einem Befehder der Chur-Sächsischen Lande*.[1]

Kohlhaas ist der junge Kleist, welcher die Welt in die Schranken seines Gerichts fordert. Reifer geworden, wagt Kleist dann nicht mehr, Kohlhaas alles Recht zu geben, denn ein Mann, der wegen zwei verdorbener Rappen Städte anzündet und den Staat in bedenkliche militärische Abenteuer verwickelt, kann nicht schuldlos im Sinne des Gesetzes sein. Der frühe Kohlhaas ist revolutionärer Schwarmgeist, der seinen Auftrag, halb wahnwitzig, halb religiös, mit dem seines Namenspatrons, des Erzengels Michael, identifiziert und ein Schwert auf rotem Lederkissen mit Goldquasten vor sich her tragen läßt. In diesem Augenblick droht der Aufruhr zur religiösen Bewegung zu werden, mit andern Worten: mit dem Appell an die letzte, die göttliche Instanz, deren Stellvertreter auf Erden zu sein man vorgibt, verläßt Kohlhaas seinen Boden, die Realität. Es ist die Erde, in die der große Realist Kleist Lisbeth begraben läßt mit Sätzen, die nur das höchste Erstaunen hervorrufen können:

«Er nahm die hundert Goldgülden, die ihm der Amtmann schon für die Ställe in Dresden zugefertigt hatte, und bestellte ein Leichenbegängnis, das weniger für sie als für eine Fürstin angeordnet schien: ein eichener Sarg, stark mit Metall beschlagen, Kissen von Seide, mit goldnen und silbernen Troddeln, und ein Grab von acht Ellen Tiefe, mit Feldsteinen gefüttert und Kalk. Er stand selbst, sein Jüngstes auf dem Arm, bei der Gruft und sah der Arbeit zu.»

Erstaunen über das Wissen so vieler Details hier aus dem Beerdigungswesen, anderswo aus dem Kriegswesen:

«Der Hauptmann aber, der es führte, namens Gerstenberg, benahm sich so schlecht dabei, daß die ganze Expedition Kohlhaasen, statt ihn zu stürzen, vielmehr zu einem höchst gefährlichen kriegerischen Ruhm verhalf; denn da dieser Kriegsmann sich in mehrere Abteilungen auflösete, um ihn, wie er meinte, zu umzingeln und zu erdrücken, ward er von Kohlhaas, der seinen Haufen zusammenhielt, auf vereinzelten Punkten angegriffen und geschlagen, dergestalt, daß

---

[1] Karl Wächter, Kleists Michael Kohlhaas. Weimar 1918. Parallelen zu andern Frühwerken außer der *Familie Schroffenstein* weist Hans M. Wolff, a. a. O., nach.

schon am Abend des nächstfolgenden Tages kein Mann mehr von dem ganzen Haufen, auf den die Hoffnung des Landes gerichtet war, gegen ihn im Felde stand. Kohlhaas, der durch diese Gefechte einige Leute eingebüßt hatte, steckte die Stadt am Morgen des nächsten Tages von neuem in Brand ...»

Fürstliches Jagdleben auf dem Lande:

« ... daß unter dem Dach bewimpelter Zelte, die quer über die Straße auf einem Hügel erbaut waren, die ganze Gesellschaft, vom Staub der Jagd noch bedeckt, unter dem Schall einer heitern vom Stamm einer Eiche herschallenden Musik, von Pagen bedient und Edelknaben, an der Tafel saß, als der Roßhändler langsam mit seiner Reuterbedeckung die Straße von Dresden dahergezogen kam.»

Und nicht minder schlagend das Porträt des Abdeckers:

«Der Abdecker, der sich an den Wagen gestellt und sein Wasser abgeschlagen hatte, sagte: er wäre mit den Rappen nach Dresden bestellt, um in dem Hause derer von Tronka sein Geld dafür zu empfangen. Was er da vorbrächte, verstände er nicht; und ob sie, vor dem Schweinehirten aus Hainichen, Peter oder Paul besessen hätte, oder der Schäfer aus Wilsdruf, gelte ihm, da sie nicht gestohlen wären, gleich. Und damit ging er, die Peitsche quer über seinem breiten Rücken, nach einer Kneipe, die auf dem Platze lag, in der Absicht, hungrig wie er war, ein Frühstück einzunehmen.»

So bewegt er sich und läßt die Kammerherren und Offiziere im Dreck des Marktplatzes stehn, nachdem sich die Tronkas in Wut und Scham über den Junker geäußert haben, der sie in diese Lage gebracht hat:

«Sie nannten ihn einen Elenden und Nichtswürdigen, der Schande und Schmach über die ganze Familie bringe, kündigten ihm an, daß er seinen Prozeß nunmehr unfehlbar

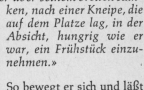

Michael Kohlhaas und Luther (Stich von Kolbe)

verlieren würde, und forderten ihn auf, nur gleich zur Herbeischaffung der Rappen, zu deren Dickfütterung er, zum Hohngelächter der Welt, verdammt werden werde, Anstalten zu machen.»

Alle diese Sätze, die durch Hunderte zu vermehren sind, stammen aus der Welt Adams, des Dorfrichters, sie zeigen die gleiche überlegen spielende, ironisch sichere Beherrschung der Details der realen Welt. Nichts kann falscher sein, als Kleist einen über die Welt erhabenen Träumer und Schwärmer zu nennen; er weiß, was er sagt, und sein Wissen erstreckt sich nicht bloß auf die erstaunlich echt bekundeten Einzelheiten, sondern auch auf die Psyche der Personen, denn Kohlhaas, mit seiner ersten Klage als Querulant abgewiesen, stellt fest, daß er sachlich im Recht ist, da der Junker seine Pferde eben d o c h auf dem Felde gebrauchte:

« . . . und mitten durch den Schmerz, die Welt in einer so ungeheuren Unordnung zu erblicken, zuckte die innerliche Zufriedenheit empor, seine eigene Brust nunmehr in Ordnung zu sehen.»

Die ungeheure Unordnung der Welt — sie tritt uns aus der Erzählung immer wieder, erschütternd, drohend, selten heiter, vor Augen und wird am deutlichsten da, wo sich die Instanzen des Rechts, die Gerichte, die Richter, die Verwaltungsbürokratie und endlich der in seinem Urteil gutwillige und doch der Bosheit gegenüber schwach werdende Sachsenfürst als pervertiert erweisen. Es kommt unter Bruch der zugesagten Amnestie zu einem grausamen Urteil gegen den Pferdehändler: «*Mit glühenden Zangen von Schinderknechten gekniffen, geviertelt und sein Körper zwischen Rad und Galgen verbrannt zu werden.»*

Die eindrucksvolle Episode, wie sich Kohlhaas an Luther wendet, für ihn die letzte irdische Instanz, zugleich seine Hoffnung, die auch nicht trügt, auf Recht und Fürsprache — diese Episode rückt die anfängliche Versuchung Kohlhaas', sich selbst für einen Stellvertreter des Erzengels Michael auf Erden zu halten, ins Lot. Er unterwirft sich freiwillig dem Lutherschen Spruch, und da Luther (*«auf ein tüchtiges Element in der Brust des Mordbrenners bauend»*) nach anfänglichem Zurückweichen den Fall des Kohlhaas als gerecht erkennt, bittet Kohlhaas seinerseits den heiligen Mann um *«die Wohltat des heiligen Sakraments»,* und Luther sagt zu unter der Bedingung, daß Kohlhaas seinem Feind, wie es christlich ist, vergebe. Kohlhaas darauf:

«Hochwürdiger Herr», sagte Kohlhaas errötend, indem er seine Hand ergriff, — *«nun?»* — *«der Herr vergab auch allen seinen Feinden nicht . . .»*

Die Lutherszene ist keineswegs, wie man sagen hört, von Kleist als Überwindung des Problems aus dem Geist der Religion gedacht. Dann wäre es erledigt gewesen, und Kohlhaas hätte wie seine Frau Lisbeth mit einem Wort der Vergebung die Augen für immer zumachen können. Die religiöse Lösung des Problems wäre für Kohlhaas-Kleist keine Lösung, sondern eine Ausflucht. Die Einführung Luthers und das Gespräch des Helden mit ihm haben in der Ökonomie des Epischen eine funktionale Bedeutung: sie zeigen Kohlhaas, wie er auf alle schwärmerisch-sektiererische Ideologie seines Tuns verzichtet hat und einen gerechten Ausgleich bei einer Stelle sucht, die moralisch integer ist, nachdem Staat, Fürst, Räte und Bürokratie — die eigentlichen Instanzen der gesuchten Gerechtigkeit — versagt haben. Luther macht dem Kurfürsten einen annehmbaren Vermittlungsvorschlag, der auch angenommen wird, jedoch später im Dickicht der intriganten Verfahrensweise in das Gegenteil verkehrt erscheint, so daß es zu jenem Bluturteil gegen Kohlhaas kommt.

«So standen die Sachen für den armen Kohlhaas in Dresden, als der Kurfürst von Brandenburg zu seiner Rettung aus den Händen der Übermacht und Willkür auftrat und ihn in einer bei der kurfürstlichen Staatskanzlei daselbst eingereichten Note als brandenburgischen Untertan reklamierte.» [1]

Ein höchst wirksames retardierendes Moment der Erzählung! Der Leser schöpft Hoffnung, und wenn auch die Verstrickung des Kohlhaas in Untaten ihm selbst allmählich als eine Schuld erscheint, deren Folgen freiwillig auf sich zu nehmen am Schluß die Größe des Mannes bestätigen wird, so gilt die Hoffnung nicht mehr der Rettung der Person Kohlhaasens, sondern dem Sieg der Gerechtigkeit. Dazu wird ein neuer Apparat bemüht, der kaiserliche, das Reich, und nun, wo die Juristen unter sich sind und persönliche Rankünen und Beziehungen wirkungslos sind oder gemacht werden, klärt sich Kohlhaas' Gemüt zu einer ganz andern als der religiösen Demut, nämlich zu der Einsicht, daß er, wie es in den ersten Sätzen der Novelle bereits unüberbietbar bündig heißt, *«in einer Tugend ausgeschweift hätte»*, dem Rechtsgefühl. Der einzelne Fall, das Konkrete in einer beinah — gemessen am Aufruhr — läppischen Einfachheit, nämlich die Dickfütterung der Rappen durch den Tronka, wird im Hinblick auf das Absolute gesehen, man möchte sagen, die Dickfütterung der Rappen ist Sinnbild des Absoluten. Dafür hatte der Pferdehändler zu den Waffen gegriffen, nicht als Mordbrenner, sondern um zu zeigen, wozu man Waffen brauchen darf: zur Durchsetzung «der» Gerechtigkeit. Das hat jenes ihm vorgetragene Schwert auf rotem Kissen sichtbar machen wollen, und Luther hat ihm sein Recht bestätigt.

---

[1] Man hat die Wendung gegen Sachsen politisch erklären wollen; Kleist habe den sächsischen Landesherrn als Verbündeten Napoleons gegen Preußen ausspielen wollen. — Das Motiv Kleists war nicht so simpel, von einer Animosität des Augenblicks her die Geschichte zu verdammen. Übrigens hat auch der König von Preußen Bündnisse mit Napoleon geschlossen, die allen Patrioten wie ein Verrat der guten Sache vorkamen.

Kohlhaas überwindet in seinem Feldzug für das Recht den Krieg. Wie in der Penthesilea die Vernichtung des Leibes die Schönheit der Seele sichtbar macht, wie Thusneldas Koketterie die Welt der List, der Täuschung, der Lüge als solche offenbart, die ein Schleier über ihrer Größe war, hat Kohlhaas bei seinen Untaten gegen Bürger, Kirche und Fürsten ein Höheres zugute, das unbefleckt bleibt — aber nicht ganz.

Es taucht da ein gewisser Nagelschmidt auf, den Kohlhaas aus seiner Bande übler Aufführung wegen verstoßen hatte, und tritt, brennend und mordend, als Kohlhaas' Statthalter auf und bietet ihm gar durch einen Boten Befreiung an. Kohlhaas nimmt an. Das ist der unmittelbare Anlaß zu seiner Verurteilung. Es ist ein ähnlicher Sturz vor dem Sieg wie die Verwandlung Agnes' in Ottokar, Ottokars in Agnes, wie der Abstieg Jupiters in die Gestalt des thebanischen Generals. Das Doppelgängermotiv taucht bei Kleist immer dann auf, wenn die Spannung übergroß wird und nur die Doppeltheit der Erscheinung die Größe der Figur demonstrieren kann. Kohlhaas' Ruhm und Ruf sind so groß, daß ein Straßenräuber seine Existenz mit ihnen rechtfertigen kann. Indem Kohlhaas Nagelschmidts Angebot, das ihm als Falle gestellt wird, annimmt, ist seine Schuld für das korrupte Gericht der Räte und Fürsten erwiesen — tatsächlich nimmt er es an um seiner höheren Aufgabe willen. Hier zeigt sich wieder die dialektisch verdrehte, weil mit der eigenen Wirklichkeit in Konflikt stehende Kleistisch-tragische Situation. Die Episode ändert am gesamten Schicksal nichts, aber sie hebt auf dramatische Weise noch einmal das Ineinander von Recht und Unrecht, Schuld und Freiheit hervor.

Als Kohlhaas schon unter dem Schutz des Brandenburgers steht, erfährt der Kurfürst von Sachsen, alberner Galan der Dame Heloise, schwimmend im leeren Glück, daß Kohlhaas der einzige Mensch ist, von dem er das Geheimnis der Ewigkeit, die Schicksalsfrage beantwortet haben könnte. Kohlhaas hat den geheimnisvollen Zettel der Zigeunerin am Hals hängen.

«Der Kurfürst, der mit halboffener Brust, den Federhut nach Art der Jäger mit Tannenzweigen geschmückt, neben der Dame Heloise saß, die in Zeiten früherer Jugend seine erste Liebe gewesen war, sagte, von der Anmut des Festes, das ihn umgaukelte, heiter gestimmt: Lasset uns hingehen und dem Unglücklichen, wer es auch sei, diesen Becher mit Wein reichen.»

Als der Kurfürst erfährt, daß Kohlhaas der Gefangene ist, stellt er den Becher *«über und über rot ... auf einen Teller, den ihm ein Edelknabe auf den Wink des Kämmerers zu diesem Zweck vorhielt».* Das ist der gleiche Kurfürst, welcher ein wenig später Kohlhaas aus Brandenburger Haft zu befreien verspricht, wenn er ihm jenen Zettel gibt, doch da ist es *«Kohlhaas, der über die Macht jauchzte, die ihm gegeben war, seines Feindes Ferse in dem Augenblick, da sie ihn in den Staub trat, tödlich zu verwunden».* So wird der Sachse

— unwürdig eigentlichen Schicksals und höheren Wissens — noch durch den sterbenden Kohlhaas vernichtet: ein tragischer, aber vollkommener Sieg.

Die Erfindung und Einführung der Zigeunerin in der Erzählung ist eine Parallele zu der Luthers. Der Reformator hatte Kohlhaas geistlichen Trost spenden können, die Rechtfertigung vor Gott; aber dem irdischen Kohlhaas, welcher dem bösen Junker Wenzel nicht vergeben will, konnte er mit seinem Spiritualismus nicht genugtun: hier liegt Kleists Kritik an der ihm bekannten Form des Christentums. Es verwarf den ums Recht blutig geführten Krieg und mutete Kohlhaas Unterwerfung unter eine Obrigkeit zu, die ein Götze des Rechts war und eine schöne Maskerade für den Vorgeschmack des Himmels hielt. Kleist-Kohlhaas wären bereit zu diesem Christentum; die moralische Integrität des Mannes Luther steht außer allen Zweifeln, aber ihm fehlt der unbedingte Charakter dessen, für das die Zigeunerin ein Symbol ist —: des von Ewigkeit her bestimmten Schicksals, des Seinsgeheimnisses.

«*Kohlhaas aber, als diese Frau zu ihm eintrat, meinte, an einem Siegelring, den sie an der Hand trug, und einer ihr vom Hals herabhangenden Korallenkette die bekannte alte Zigeunerin selbst wiederzuerkennen, die ihm in Jüterbog den Zettel überreicht hatte; und wie denn die Wahrscheinlichkeit nicht immer auf seiten der Wahrheit ist, so traf es sich, daß hier etwas geschehen war, das wir zwar berichten, die Freiheit aber, daran zu zweifeln, demjenigen, dem es wohlgefällt, zugestehen müssen: der Kämmerer hatte den ungeheuersten Mißgriff begangen und in dem alten Trödelweib, das er in den Straßen von Berlin aufgriff, um die Zigeunerin nachzuahmen, die geheimnisreiche Zigeunerin selbst getroffen, die er nachgeahmt wissen wollte.*»

Und etwas weiter heißt es von der Zigeunerin:

«*Der Roßhändler, der eine sonderbare Ähnlichkeit zwischen ihr und seinem verstorbenen Weibe Lisbeth bemerkte, dergestalt, daß er sie hätte fragen können, ob sie ihre Großmutter sei: denn nicht nur, daß die Züge ihres Gesichts, ihre Hände, auch in ihrem knöchernen Bau noch schön, und besonders der Gebrauch, den sie davon im Reden machte, ihn aufs lebhafteste an sie erinnerten: auch ein Mal, womit seiner Frau Hals gezeichnet war, bemerkte er an dem ihrigen: der Roßhändler nötigte sie unter Gedanken, die sich seltsam kreuzten, auf einen Stuhl nieder und fragte, was sie in aller Welt in Geschäften des Kämmerers zu ihm führe.*»

Sie stellt ihm ein Schreiben zu, daß sich unter den Zuschauern bei seiner Hinrichtung, kenntlich an einem Hut mit blauen und weißen Federbüschen, der Sachsenfürst befinden werde, unterschrieben: «Deine Elisabeth.»

Das Geheimnis der Person wird nicht geklärt, und es ist für den Verlauf der jetzt rasch ablaufenden Geschichte unwichtig. Wichtig ist das Symbol, das sie darstellt. Sie ist Doppelgängerin ihrer selbst und schreibt zugleich Briefe Lisbeths: sie ist die Instanz der Allwissenheit und besitzt den Schlüssel zum Geheimnis der allmächtigen Gottheit: warum der Kurfürst von Sachsen jenen einzigen Menschen, von dem er sein Schicksal erfahren kann, sich zum Todfeind machen mußte, und warum er dem Kohlhaas, der sich freiwillig in seine Hände begeben hatte, um sein Recht zu erhalten, nichts als Unrecht tun mußte. Hier liegt das Geheimnis der Existenz im theologischen Sinne, und es ist tief bedeutsam, daß Kleist wußte, wie unabdingbar vom Geheimnis des Ich das Geheimnis des Du war, daß man existiert in Beziehung zu einem Andern, und daß der gemeinsame Angelpunkt im unendlichen Rückgang auf ewige Instanzen zu entdecken ist. Das ist der Sinn der Kohlhaasischen Frage nach dem Recht: wie kann das Recht des Einzelnen, das als absolut empfunden wird, auf dieser zerbrechlichen und konstitutiv ungerechten Welt wirklich werden? Die Antwort lautet: Rechtfertigung durch den Tod.

«Er versicherte freudig dem Erzkanzler, indem er aufstand und die Hand auf seinen Schoß legte, daß sein höchster Wunsch auf Erden erfüllt sei, trat an die Pferde heran, musterte sie und klopfte ihren feisten Hals und erklärte dem Kanzler, indem er wieder zu ihm zurückkam, heiter, daß er sie seinen beiden Söhnen Heinrich und Leopold schenke... Der Kurfürst rief: ‹Nun, Kohlhaas, der Roßhändler, du, dem solchergestalt Genugtuung geworden, mach dich bereit, kaiserlicher Majestät, deren Anwalt hier steht, wegen des Bruchs ihres Landfriedens deinerseits Genugtuung zu geben!› Kohlhaas, indem er seinen Hut abnahm und auf die Erde warf, sagte, daß er bereit dazu wäre...»

Dann fällt sein Haupt; Kleist berichtet es in einem Nebensatz.
Von den Abgesandten Luthers hat Kohlhaas vorher «die Wohltat der heiligen Kommunion empfangen». Die Geste zeigt die Diskrepanz zwischen dem Kleistischen und dem christlichen Weltbild deutlich. Auch die Verführung tritt noch einmal an ihn heran. Die Zigeunerin verspricht ihm Leben und Freiheit, wenn er ihr den schicksalhaften Zettel überlasse, aber er lehnt ab.

«Die Frau, indem sie das Kind auf den Boden setzte, sagte, daß er in mancherlei Hinsicht recht hätte und daß er tun und lassen könnte, was er wollte! Und damit nahm sie ihre Krücken wieder zur Hand und wollte gehen. Kohlhaas wiederholte seine Frage, den Inhalt des wunderbaren Zettels betreffend; er wünschte, da sie flüchtig antwortete, daß er ihn ja eröffnen könne, obschon es eine bloße Neugierde wäre, noch über tausend andere Dinge, bevor sie ihn verließe, Aufschluß zu erhalten: wer sie eigentlich sei, woher sie zu der Wissenschaft, die ihr innewohne, komme, warum sie dem Kurfürsten, für den er doch geschrieben, den Zettel verweigert und grade ihm, unter so vielen tausend Menschen, der ihre Wissenschaft nie

Die Universität zu Berlin (Stich von Calau)

Das Palais Friedrich Wilhelms III. (Aquarell von Schwarz)

Das Brandenburger Tor (Stich von Hausheer nach Schröder)

Die Wache am Brandenburger Tor (Stich von Calau)

begehrt, das Wunderblatt überreicht habe? — — Nun traf es sich,
daß in ebendiesem Augenblick ein Geräusch hörbar ward, das ei-
nige Polizeioffizianten, die die Treppe heraufstiegen, verursachten,
dergestalt, daß das Weib, von plötzlicher Besorgnis, in diesen Ge-
mächern von ihnen betroffen zu werden, ergriffen, antwortete: ‹Auf
Wiedersehen, Kohlhaas, auf Wiedersehn! Es soll dir, wenn wir uns
wiedertreffen, an Kenntnis über dies alles nicht fehlen!› Und damit,
indem sie sich gegen die Tür wandte, rief sie: ‹Lebt wohl, Kinder-
chen, lebt wohl!›, küßte das kleine Geschlecht nach der Reihe und
ging ab.»

Es soll ihm an Kenntnis über dies alles nicht fehlen! Die ganze in
konjunktivischer Form gehaltene Her- und Widerrede, sowie der zuvor schon dem Leser freigestellte Glaube an die wahrscheinlichen
Unwahrscheinlichkeiten, können den mächtigen Eindruck der Stimme des Schicksals selbst, der endgültigen Instanz, nicht aufheben.
Was die Zigeunerin doppelt sagt: «Auf Wiedersehen» zu Kohlhaas
und «Lebt wohl» zu den Kindern, spricht bereits über die Erde hinaus und in anderer Sprache zu andern Sinnen, wo es keiner Erkenntnis mehr bedarf, sondern alles gegeben wird wie im Schlaf,
im Traum, im Spiel, als Geschenk, im Paradies. Daran muß man
freilich mit Kleist glauben, denn «die Wahrscheinlichkeit ist nicht
immer auf Seiten der Wahrheit».

DIE ERZÄHLERISCHEN MITTEL

(Die Novellen)

Kleist soll sich nach Tiecks Mitteilung zähneknirschend zum Erzähler herabgelassen haben, denn er fühlte sich als Dramatiker und
erklärte sich dem Verleger gegenüber bereit, alljährlich ein Stück
zu schreiben. Obwohl Kleists Erzählungen einen Höhepunkt der
deutschen Prosa darstellen, sind sie von den Dramen sehr entfernt:
Wohl kann man von den Sinnbildern und Problemen der Erzählungen auf den Dramatiker schließen, nicht aber umgekehrt. Die
Erzählungen sprechen anders, denn in ihnen sprechen nicht die Personen selbst, sondern der Erzähler über sie. Das ist bei einem Dichter, dessen Personen sich selbst Rätsel sind, sehr merkwürdig, weil
die Allwissenheit des Erzählers, in Beziehung auf seine Personen,
dem Rätselcharakter widerspricht. Kleist, der größte aller Psycho-
logen, gibt daher keine oder nur sehr selten psychologische Erklä-
rungen. Er läßt erraten, was die Figuren denken oder empfinden.
Als Kohlhaas das Luthersche Plakat liest, wird er rot — aber er
spricht nicht. Das Rotwerden solch eines Mannes ist beredter als
sein Sprechen.
Alle Kleistschen Dramen haben den Charakter von Verhören. Jupiter verhört Alkmene, die Feme verhört Käthchen, Adam verhört

Evchen, Hohenzollern verhört den Prinzen von Homburg, die Amazonen verhören Penthesilea, und in den *Schroffensteinern* verhören einander die feindlichen Parteien durch Mittelleute. Auf diese Weise wird langsam ein Teil des Rätsels enträtselt. In den Novellen strebt Kleist nach ähnlichen Mitteln, aber sie sind schwerer anzuwenden, denn Erzählungen bestehen nicht aus folternden Dialogen, sondern aus Berichten über geschehene Dinge. Die Welt ist fragwürdig, allerdings, und wird befragt, und dabei kommen die Widersprüche ans Licht. Ganz einfach und klar ist das im *Michael Kohlhaas*. In den andern Erzählungen liegen mehrere Sphären übereinander und decken sich nicht; darum ist die Wahrheit sehr schwer zu finden.

Kleist hatte von Natur aus eine Lust an Rätsel und Geheimnis. Die Marquise von O. ist schwanger und weiß nicht wie. Die drei Bilderstürmer in der *Heiligen Cäcilie* werden verrückt durch die Kirchenmusik. *Der Findling* enthält eine ganze Serie von unglaublich geheimnisvollen Details. Durch sie erscheint die Welt chaotisch, und aus diesem Irrgarten holt Kleist die Stoffe seiner Novelle. Der Kohlhaasstoff fand sich in einer Heimatchronik, der Zweikampfstoff bei Froissart, die *Marquise von O.* in Rousseaus *Nouvelle Héloïse*. Wo die Stoffe der Gegenwart entnommen wurden, wie in der *Verlobung in St. Domingo* (die nachträglich aus dem Milieu der Französischen Revolution in die mittelamerikanischen Kolonien verlegt wurde), beim *Erdbeben in Chili*, weiß die künstlerische Phantasie Kleists mit großer Sicherheit die ihn fesselnden Punkte in der Wüste des Daseins durch Linien zu verbinden und ein Netz zu spinnen. Alles, was Außenwelt und Fabel heißt, könnte Kolportage sein, aber Kleist verliert sich nicht an den Stoff. Allerdings vermag man erst vom Gesamtwerk her zu sagen, was Kleist mit der Littegarde des *Zweikampf*, mit Jeronimo Rugera und Toni sagen wollte. Die Figuren allein scheinen, für den ersten Blick, in einer sinnlosen Welt ein sinnloses Schicksal zu leiden.

Die außerordentliche Situation mache das Wesen des Menschen in der Novelle aus, hat man gesagt, und in diesem Gattungssinn hat Kleist die stärksten Novellen der deutschen Literatur geschrieben. Der Mensch in der Katastrophe, und zwar der einzelne aus der Masse herausgehobene Mensch, erkennt sich als Fremdling auf der Welt. Das Erdbeben hat die Stadt vernichtet, doch zugleich Gefängnis und Kloster der Liebenden gesprengt, so daß sie im allgemeinen Unglück ihr Glück finden:

«Als Jeronimo das Tor erreicht und einen Hügel jenseits desselben bestiegen hatte, sank er ohnmächtig auf demselben nieder. Er mochte wohl eine Viertelstunde in der tiefsten Bewußtlosigkeit gelegen haben, als er endlich wieder erwachte und sich, mit nach der Stadt gekehrtem Rücken, halb auf dem Erdboden erhob. Er befühlte sich Stirn und Brust, unwissend, was er aus seinem Zustande machen sollte, und ein unsägliches Wonnegefühl ergriff ihn, als ein West-

wind, vom Meere her, sein wiederkehrendes Leben anwehte und sein Auge sich nach allen Richtungen über die blühende Gegend von St. Jago hinwandte. Nur die verstörten Menschenhaufen, die sich überall blicken ließen, beklemmten sein Herz; er begriff nicht, was ihn und sie hierhergeführt haben konnte, und erst, da er sich umkehrte und die Stadt hinter sich versunken sah, erinnerte er sich des schrecklichen Augenblicks, den er erlebt hatte. Er senkte sich so tief, daß seine Stirn den Boden berührte, Gott für seine wunderbare Errettung zu danken; und gleich, als ob der eine entsetzliche Eindruck, der sich seinem Gemüt eingeprägt hatte, alle früheren daraus verdrängt hätte, weinte er vor Lust, daß er sich des lieblichen Lebens voll bunter Erscheinungen noch erfreue. Drauf, als er eines Ringes an seiner Hand gewahrte, erinnerte er sich plötzlich auch Josephens, und mit ihr seines Gefängnisses, der Glocken, die er dort gehört hatte . . .»

Die Liebenden finden einander und genießen für einen Augenblick das unerhörteste Glück:

«Indessen war die schönste Nacht herabgestiegen, voll wundermilden Duftes, so silberglänzend und still, wie nur ein Dichter davon träumen mag. Überall längs der Talquelle hatten sich im Schimmer des Mondscheins Menschen niedergelassen und bereiteten sich sanfte Lager von Moos und Laub, um von einem so qualvollen Tage auszuruhen. Und weil die Armen immer noch jammerten: dieser, daß er sein Haus, jener, daß er Weib und Kind, und der dritte, daß er alles verloren habe, so schlichen Jeronimo und Josephe in ein dichteres Gebüsch, um durch das heimliche Gejauchz ihrer Seelen niemand zu betrüben. Sie fanden einen prachtvollen Granatapfelbaum, der seine Zweige voll duftender Früchte weit ausbreitete; und die Nachtigall flötete im Wipfel ihr wollüstiges Lied. Hier ließ sich Jeronimo am Stamme nieder, und Josephe in seinem, Philipp in Josephens Schoß, saßen sie, von seinem Mantel bedeckt, und ruhten. Der Baumschatten zog, mit seinen verstreuten Lichtern, über sie hinweg, und der Mond erblaßte schon wieder vor der Morgenröte, ehe sie einschliefen. Denn Unendliches hatten sie zu schwatzen, vom Klostergarten und den Gefängnissen und was sie umeinander gelitten hätten; und waren sehr gerührt, wenn sie dachten, was für Elend über die Welt kommen mußte, damit sie glücklich würden!»

An solchen Stellen hat sich Kleists Sprache beruhigt, sie ist einfach, fast schlicht, und so selten bei ihm die Stellen sind, wo die Erwählten den Himmel finden, so entspricht die Seltenheit doch nur der Unsagbarkeit der Poesie. In der Verlobung in St. Domingo, der herrlichsten aller Erzählungen Kleists, sind alle äußern Ereignisse Spiegelungen des in den Dramen langsam errungenen Weltdenkens. Fast zwanglos schlicht lassen sich an der Mestizin Toni, die beim Negeraufstand als Lockvogel für Weiße benützt wird, eine Anzahl

Heinrich von Kleist (Kreidezeichnung von Wilhelmine von Zenge, 1806)

Kleistischer Erfahrungen und Fragen ablesen, von der doppelgängerisch gleichen Braut, der im Traum gesehenen Geliebten, der Differenz zwischen äußerem Schein und innerem Wesen, der geheimnisvollen Abkunft bis zur Unterjochung durch eine seinsblinde Ideologie (hier den Rassenhaß), der Liebe auf den ersten Blick, der plötzlichen Befreiung, der Liebesnacht und dem Liebestod. Bis in Einzelheiten läßt sich zeigen, was stehendes Gut der Kleistschen Sinnlichkeit ist: der Brustlatz, die Waschung, die Verstellung, die Jugend Tonis und die Bettszene, wo es bündig heißt: «*Was weiter erfolgte, brauchen wir nicht zu melden, weil es jeder, der an diese Stelle kommt, von selbst liest.»* Zum Schluß heißt es:

«Aber ein tiefer Traum, von dem sie der Gegenstand zu sein schien, beschäftigte ihn: wenigstens hörte sie zu wiederholten Malen von seinen glühenden, zitternden Lippen das geflüsterte Wort: Toni! Wehmut, die nicht zu beschreiben ist, ergriff sie; sie konnte sich nicht entschließen, ihn aus den Himmeln lieblicher Einbildung in die Tiefe einer gemeinen und elenden Wirklichkeit herabzureißen; und in der Gewißheit, daß er ja früh oder spät von selbst erwachen müsse, kniete sie an seinem Bette nieder und überdeckte seine teure Hand mit Küssen.»

Solch eine Stelle erhält den vollen Duft erst von der Szene unterm Holunderstrauch im *Käthchen von Heilbronn*. Mehrfach hat Kleist dramatische Szenen auf verwandte Art episch wiedergegeben. Die einmal gefundenen Sinnbilder gehörten zum festen Bestand seiner dichterischen Mittel.

Das äußere Bild ist Sinnbild für die innere Gestalt. Auf dieser liegt der Glanz der Seele, eine Frische, daß man nach der Lektüre zu begreifen meint, was schriftstellerische Kunst ist. Wie kann das schwache und in einem blutjungen Mädchen so oft vorbildlich repräsentierte holde Geschöpf der Verwirrung entgehen, in welche es durch die rohe Welt gestürzt wird? Die Antwort: indem es träumt, oder aus der Bewußtseinssphäre hinübergerettet wird in die der Ohnmacht.

Die Marquise von O. hält gegen alle peinliche Gewißheit ihres «Falles» fest, daß sie unschuldig ist, und rückt deshalb die Suchanzeige nach dem Vater ihres Kindes in die Zeitung. Sie ist so unschuldig wie eine Märchenfigur, die Rätsel aufgibt. Und die Stärke der Reinheit ist so zwingend, daß sie schließlich die Lösung des Rätsels zu ihren Gunsten herbeiführt, gegen die Mutter, den Vater und die ganze Welt. Zwar dauert die Verfremdung sehr lange, füllt die ganze Erzählung und quält nicht bloß die beteiligten Figuren, sondern auch den Leser, so daß die Spannung folternd wird und die Nerven angreift. Bei der Marquise wird das Rätsel jedoch nur gelöst, um ein zweites auszulösen. Die Gräfin hat sich bereits mit dem Gedanken abgefunden, der Jäger sei des Kindes Vater; als nun der Graf, der wirkliche Vater, erscheint, ist sie so entsetzt, daß sie sich weigert, ihn zu heiraten. Sie erkennt plötzlich, in welchem Augenblick der Graf sie überwältigt haben muß, und ist so überrascht von dieser Gemeinheit durch einen Mann, den sie für einen Ehrenmann hielt, daß die Lösung bis zum letzten Satz der Erzählung verzögert wird: *«Er würde ihr damals nicht wie ein Teufel erschienen sein, wenn er ihr nicht bei seiner ersten Erscheinung wie ein Engel vorgekommen wäre.»*

Mit geradezu foppender Energie schöpft Kleist alle Paradoxien der Lage aus. Ironisch deutlich wird das im *Zweikampf*, wo das menschliche und göttliche Gericht gegen Littegarde spricht — bis dann doch die Wahrheit an den Tag kommt, indem ihr Beschützer Friedrich von mehrfach tödlicher Verwundung genest, der Verleumder und Bösewicht an einer kleinen Infektion nachträglich zugrundegeht. Der reine Mensch steht bei Kleist in der Mitte eines Zyklons. Selbst unbewegt, sieht er die Welt zerbrechen. Plötzlich aber wird er von innen her verwirrt. Ein Feuer, ein Rausch ergreift ihn, der bis zur Besessenheit geht. Solche verzehrende Feuer sind Kohlhaas' Rechtsempfinden, die Erotik bei Toni und dem Findling, die Gewalt der Musik in der *Heiligen Cäcilie*. Die Welt ist mit einem Male dämonisch geworden, sie droht der Unschuld selbst mit Vernichtung. So etwas gab es bisher nur bei Shakespeare. Jetzt gerät bei Kleist der Kern der Person ins Schwanken, Taumeln, stürzt und geht unter, ohne sittliche Schuld erkannt zu haben: erst Kohlhaas und Homburg lösen das Rätsel ihrer Person und gewinnen die Heiterkeit.

Was für die Form der Erzählungen gilt, wiederholt sich im Stil. Der Satz wird grammatisch zerhackt, durch eine eigenwillige Zeichensetzung scharf gegliedert, das Hauptwort erscheint an gedrückter Stelle und wird durch sachliches Detail verblendet. Am berühmtesten sind in dieser Hinsicht die Sätze im *Bettelweib von Locarno*.[1] Sie übersteigern Kleists Stil gegen alle Möglichkeiten der deutschen Schulgrammatik:

«Das Ehepaar, zwei Lichter auf dem Tisch, die Marquise unausgezogen, der Marchese Degen und Pistolen, die er aus dem Schrank genommen, neben sich, setzen sich gegen elf Uhr jeder auf sein Bett; und während sie sich mit Gesprächen, so gut sie vermögen, zu unterhalten suchen, legt sich der Hund, Kopf und Beine zusammengekauert, in der Mitte des Zimmers nieder und schläft ein. Drauf, in dem Augenblick der Mitternacht, läßt sich das entsetzliche Geräusch wieder hören; jemand, den kein Mensch mit Augen sehen kann, hebt sich auf Krücken im Zimmerwinkel empor; man hört das Stroh, das unter ihm rauscht; und mit dem ersten Schritt: tapp! tapp! erwacht der Hund, hebt sich plötzlich, die Ohren spitzend, vom Boden empor, und knurrend und bellend, grad als ob ein Mensch auf ihn eingeschritten käme, rückwärts gegen den Ofen weicht er aus. Bei diesem Anblick stürzt die Marquise mit sträubenden Haaren aus dem Zimmer; und während der Marchese, der den Degen ergriffen: ‹Wer da?› ruft und, da ihm niemand antwortet, gleich einem Rasenden nach allen Richtungen die Luft durchhaut, läßt sie anspannen, entschlossen, augenblicklich nach der Stadt abzufahren. Aber ehe sie noch nach Zusammenraffung einiger Sachen aus dem Tore herausgerasselt, sieht sie schon das Schloß ringsum in Flammen aufgehen. Der Marchese, von Entsetzen überreizt,

---

[1] Vgl. Emil Staiger, Heinrich von Kleist *Das Bettelweib von Locarno.* Zum Problem des dramatischen Stils. In Staigers Interpretationsband: Meisterwerke deutscher Sprache. Zürich 1948. S. 100—118.

Die Lindenpromenade in Berlin um 1810

hatte eine Kerze genommen und dasselbe, überall mit Holz getäfelt, wie es war, an allen vier Ecken, müde seines Lebens, angesteckt. Vergebens schickte sie Leute hinein, den Unglücklichen zu retten; er war auf die elendigste Weise bereits umgekommen . . .»

Die Geschichte ist dem Stoff nach unglaublich; der Stil macht sie glaubwürdig, indem er in den syntaktischen Verschraubungen eine höhere Wirklichkeit als die platt berichtete heraufbeschwört. Kleist schrieb in einem Brief an Collin 1808: «*In der Kunst kommt es überall auf die Form an, und alles, was eine Gestalt hat, ist meine Sache.*» Hinter der starren Front der das Unglaubliche berichtenden Sätze kommt die Wahrheit hervor; sie besteht darin, daß die irdische Existenz des Marchese um einer einzigen Verfehlung willen vernichtet wird. Das macht dieser Stil, indem er den Leser zur äußersten Anspannung nötigt, glaubwürdig. Es ist der Triumph des Sprechens über alle Unaussprechlichkeiten der Welt. Mit normaler Sprache wäre der Vorfall banal. Nur ein Dichter, der den Menschen von vornherein als Rätsel und nicht als bloß Leidenden sah, konnte die Banalität zum Kunstwerk machen.

DIE BERLINER ABENDBLÄTTER

Kleist errang mit seinen Erzählungen gewisse Achtungserfolge.
Einzeldrucke erschienen in Zeitschriften, und er bereitete jetzt einen
Sammelband vor, den Reimer in Berlin 1810 herausbringen sollte.
Er enthielt den *Michael Kohlhaas*, die *Marquise von O.* und das
Erdbeben in Chili. Diese «moralischen Erzählungen» hatte er fertig. Mit den Dramen erlebte er jedoch Enttäuschungen. Goethe verurteilte *Penthesilea*, der *Zerbrochne Krug* war in Weimar durch-
gefallen, die *Hermannsschlacht* konnte nicht gedruckt werden. Iff-
lands Theater in Berlin verschloß sich ihm hartnäckig.

Ende 1809 tauchte Kleist vorübergehend in Frankfurt an der Oder
auf. Immer noch war er körperlich, seelisch und finanziell nahe am
Ruin. Fast mittellos ging er 1810 nach Berlin. Er soll dem König
seine Dienste als Offizier angeboten haben, vergebens. In Berlin
verkehrte er nicht mehr in den Kreisen des Adels und der Offiziere,
seiner Berufs- und Standesgenossen von ehedem, sondern in Zir-
keln, wo Literatur, Theater, Musik und jüdisches Kapital einander trafen. Adam Müller scheint ihn auch diesmal in die Gesellschaft eingeführt zu haben. Der war Gast bei der christlich-deutschen
Tischgesellschaft. Kleist traf hier Fouqué, Arnim, Brentano, Varnhagen und Rahel, den Komponisten Bernhard Anselm Weber. Als
Gast Arnims weilte Wilhelm Grimm in Berlin. Loeben und die Brüder Eichendorff studierten hier. Brentano hat Görres 1810 den Kreis
seiner Freunde geschildert.

Da heißt es über Kleist:
«Der Phöbus Kleist, der
von Müller für tot gehal-
ten wurde, ist von Prag
wieder hier angekommen,
und nachdem ich nun seine
übrigen im Phöbus zer-
streuten Arbeiten, beson-
ders den Anfang des Käth-
chens von Heilbronn und
der schönen Erzählung
Kohlhaas gelesen, war ich
recht erfreut, ihn lebendig
zu wissen und zu sehn.
Er ist ein sanfter, ernster
Mann von zweiunddreißig
Jahren, ungefähr von mei-
ner Statur; sein letztes
Trauerspiel Arminius darf
nicht gedruckt werden, weil

Clemens Brentano
(1788 — 1842)

*Friederike (Rahel) Varnhagen von Ense
(Zeichnung von Wilhelm Hensel. 1822)*

es zu sehr unsere Zeit betrifft; er war Offizier und Kammerassessor, kann aber das Dichten nicht lassen und ist dabei arm.»

Am 1. Oktober 1810 erschien in Berlin eine neue Zeitung mit dem Kopf *Berliner Abendblätter*[1]. Sie war insofern eine journalistische Novität, weil sie täglich — außer sonntags —, und zwar abends erschien und als erste Zeitung die nachmittags ausgegebenen Polizeiberichte brachte, also Mitteilungen über Verbrechen, Mord, Brand, Unglücksfälle. Es war ein Sensationsblatt für die Boulevards. Das Erscheinen der Zeitung wurde an den Straßenecken Berlins rechtzeitig plakatiert, auch gab man Werbe- und Hinweisanzeigen in andern Blättern auf. Die Zeitung hatte vier Druckseiten und erschien in dem für Zeitungen damals wie heute ungewöhnlichen Oktav, also Buchformat. Die erste Nummer wurde in großer Auflage gedruckt und unentgeltlich verteilt. Der nicht genannte Redakteur war Heinrich von Kleist.

Das Format, das tägliche Erscheinen, die abendliche Zeit waren ungewöhnlich und geeignet, Aufsehen zu erregen. Die Reklame durch Plakate und Gratisnummern war damals eine Sensation. Am aufsehenerregendsten waren die *Abendblätter* durch die Veröffentlichung der Polizeiberichte. Kleist dankte sie persönlichen Beziehungen zum Polizeipräsidium, dessen Präsident, Gruner, mit ihm befreundet war. Als die Polizeiberichte später spärlicher wurden, ergänzte der Redakteur den aktuellen Teil seines Blattes durch ein

[1] Die *Berliner Abendblätter* sind zuerst durch Reinhold Steig genauer untersucht worden (H. v. Kleists Berliner Kämpfe. Berlin, Stuttgart 1901). Er wollte nachweisen, es habe sich um das gemeinschaftliche Werk einer Gruppe konservativer und altmärkischer Offiziere gehandelt, vor allem um Mitglieder der christlich-deutschen Tischgesellschaft. Kleist wäre dann gleichsam der journalistische Sprecher dieser Gruppe gewesen. Die Auffassung ist unhaltbar, wirkt aber nach. Einen Faksimiledruck der *Berliner Abendblätter* — eine der größten bibliophilen Raritäten — gab Georg Minde-Pouet heraus (vgl. Bibliographie).

Extrablatt
zum 7ten Berliner Abendblatt.

Etwas über den Delinquenten Schwarz und die Mordbrenner-Bande.

Die Verhaftung des in den Zeitungen vom 6. v. M. signalisirten Delinquenten Schwarz (derselbe ungenannte Vagabonde, von dem im 1sten Stück dieser Blätter die Rede war) ist einem sehr unbedeutend scheinenden Zufall zu verdanken.

Nachdem er sich bei dem Brande in Schönberg die Taschen mit gestohlnem Gute gefüllt hatte, ging er sorglos, eine Pfeife in der Hand haltend, durch das Potsdamsche Thor in die Stadt hinein. Zufällig war ein Soldat auf der Wache, welcher bei dem Krüger La Val in Steglitz gearbeitet hatte, und die Pfeife des Schwarz als ein Eigenthum des La Val erkannte.

Dieser Umstand gab Veranlassung, den Schwarz anzuhalten, näher zu examiniren, und nach Schönberg zum Verhör zurückzuführen, wo sich denn mehrere, dem ec La Val und dem Schulzen Willmann in Schönberg gehörige, Sachen bei ihm fanden.

Bei diesem ersten Verhöre in Schönberg standen, wie sich nachher ergeben hat, mehrere seiner Spießgesellen vor dem Fenster, und gaben ihm Winke und verabredete Zeichen, wie er sich zu benehmen habe. Dieses Verhör wurde während des ersten Tumults gehalten, wie der Brand noch nicht einmal völlig gelöscht war, und niemand konnte damals schon ahnden, mit welchem gefährlichen Verbrecher man zu thun habe.

Extrablatt der «Berliner Abendblätter», 1810

Freiherr von Hardenberg
(Stich von Fr. Bolt, 1815)

Bulletin, das waren aktuelle Nachrichten aus auswärtigen Blättern. Er wollte auch politische Nachrichten bringen, erhielt dazu aber nicht die Genehmigung durch die Staatskanzlei (unter Hardenberg). Täglich erscheinende Zeitungen gab es damals in Berlin noch nicht, nur Nürnberg und Stuttgart rühmten sich solcher Errungenschaften. Die Hamburger Zeitungen erschienen viermal wöchentlich, die Berliner — Vossische und Spenersche Zeitung — dreimal. Anzeigen erschienen nur in sogenannten Intelligenzblättern; davon gab es in Berlin eines, das täglich erschien. Unterhaltende Berichte und Beiträge, wissenschaftlicher und feuilletonistischer Art, hatte Kleist anfangs nicht im Auge —: er wollte auf weite Kreise wirken, das große und großstädtische Publikum; diesem Zweck dienten die Polizei- und Sensationsnachrichten. Literatur und Politik waren also zugunsten aktueller Unterrichtung ausgeschlossen. Das Kulturelle wurde vorerst nur durch Theaterberichte wahrgenommen — hier erkannte man rasch eine sarkastische Haltung gegenüber dem Nationaltheater und Iffland. Einige solcher Beiträge waren mit H. v. K. und A. v. M. gezeichnet, so daß die Leser bald annehmen konnten, in diesen Initialen sprächen Herausgeber oder Redaktion.

Die Polizeinachrichten flossen mit der Zeit spärlicher, nach Gruners Entlassung überhaupt nicht mehr, sehr zum Leidwesen der Leser und ihres Redakteurs. Ihre Stelle wurde durch Beiträge unterhaltender Art und Berichte aus fremden Blättern eingenommen. So wie Kleists Sensations- und Theaterberichte aus Berlin bald von andern Zeitungen, meist mit Quellenangabe, nachgedruckt wurden, übernahm auch er Beiträge aus fremden Zeitungen. Großes lokales Interesse erregten die *Stadtnachrichten*, wo etwa über die mißlungene Ballonfahrt eines Berliner Wachstuchfabrikanten berichtet wurde. Man interessierte sich sehr für Luftfahrten, einmal erschien sogar in den *Berliner Abendblättern* ein spezieller Aufsatz über *Aeronautik*.

Die Zeitung fand reißenden Absatz. Bald erschien eine Nachahmung des Unternehmens in Hamburg, und der *Beobachter an der Spree*, das wöchentlich erscheinende Berliner Skandalblatt des später durch seine Anschlagsäulen berühmt gewordenen Ernst Litfaß, brachte im

November 1810 eine Parodie auf Kleists Zeitung unter der Rubrik *Auszüge aus den Krähwinkelschen merkwürdigen Tagesblättern*[1]. Schon Anfang Dezember aber ließ der Absatz empfindlich nach. Der Verleger Hitzig gab das Blatt auf, und Kleist suchte und fand einen neuen Verleger in August Kuhn; aber «die eigentlichen Abendblätter, wie Kleist sie ursprünglich plante, sind am 22. Dezember mit Blatt 72 eingegangen» (Sembdner).

Die Gründe für den Rückgang der anfänglich so freundlich aufgenommenen Tageszeitung liegen nicht auf politischem Gebiet, obgleich wegen der Berichterstattung vom spanischen Befreiungskampf die ersten Beanstandungen kamen und Adam Müllers volkswirtschaftliche Glossen das Mißfallen der Behörden erregten. Der wahre Grund des Rückgangs liegt einfach darin, daß die Zeitung, nachdem die Polizeiberichte fortfielen, mit dem übrigen Material nicht attraktiv genug blieb. Das hat der Staatskanzler Hardenberg, als sich Kleist mit einer Beschwerde an ihn wandte, deutlich gesehen. Das Publikum interessierte sich vor allem für Mordfälle, Diebsgeschichten, Betrügereien und Brandstiftungen und wandte sich in dem Augenblick enttäuscht ab, als Kleist auswärtige Berichte übernehmen mußte. Damit war die lokale Aktualität verloren, und die literarischen Beiträge, welche Kleists Gründung für uns bedeutsam machen, hatten für das große Publikum kein Interesse.

In den *Abendblättern* erschienen mehrere der großartigsten Aufsätze und Erzählungen Kleists, seine Anekdoten, der *Allerneueste Erziehungsplan*, das *Gebet des Zoroaster*, *Das Bettelweib von Locarno*, *Die heilige Cäcilie* und der Aufsatz *Über das Marionettentheater*. Die Stoffe der Anekdoten fand Kleist in Zeitungen und Kalendern, er gab ihnen nicht nur die scharfe Pointe, sondern die stilistische Farbe:

Anekdote aus dem letzten Kriege

Den ungeheuersten Witz, der vielleicht, solange die Erde steht, über Menschenlippen gekommen ist, hat, im Lauf des letztverflossenen Krieges, ein Tambour gemacht; ein Tambour meines Wissens von dem damaligen Regiment von Puttkammer; ein Mensch, zu dem, wie man gleich hören wird, weder die griechische noch römische Geschichte ein Gegenstück liefert. Dieser hatte, nach Zersprengung der preußischen Armee bei Jena, ein Gewehr aufgetrieben, mit welchem er, auf seine eigne Hand, den Krieg fortsetzte; dergestalt, daß, da er, auf der Landstraße, alles, was ihm an Franzosen in den Schuß kam, niederstreckte und ausplünderte, er von einem Haufen französischer Gendarmen, die ihn aufspürten, ergriffen, nach der Stadt geschleppt, und, wie es ihm zukam, verurteilt ward, erschossen zu

---

[1] Diese wie alle andern Einzelheiten entnehme ich Helmut Sembdners grundlegender Darstellung: Die Berliner Abendblätter Heinrich von Kleists. Berlin 1939 (vgl. Bibliographie).

Die Mauerstraße mit der Dreifaltigkeitskirche in Berlin

werden. Als er den Platz, wo die Exekution vor sich gehen sollte, betreten hatte, und wohl sah, daß alles, was er zu seiner Rechtfertigung vorbrachte, vergebens war, bat er sich von dem Obristen, der das Detaschement kommandierte, eine Gnade aus; und da der Oberst, inzwischen die Offiziere, die ihn umringten, in gespannter Erwartung zusammentraten, ihn fragte, was er wolle? zog er sich die Hosen ab, und sprach, sie möchten ihn in den ... schießen, damit das F ... kein L ... bekäme. — Wobei man noch die Shakespearische Eigenschaft bemerken muß, daß der Tambour mit seinem Witz aus seiner Sphäre als Trommelschläger nicht herausging.

Das klingt sehr drastisch und ist es auch. Hier drückt sich Kleists großartiger Sinn für Wirklichkeit gleichsam ungeschützt aus, an einem faulen Witz entzündet, und es ist kein Zweifel, daß er an Witzen und Späßen solch derber Art genau das gleiche Vergnügen hatte wie Schiller und Goethe. Man stelle das kräftige Kolorit solch einer Anekdote neben Alkmene oder Käthchen — um zu ermessen, daß Kleist kein Fremdling auf dieser Erde war. Er liebte es, mit einem fast bäurischen Sinn, das Elend dieser Erde empfindungslos, um nicht zu sagen roh gegen die Überwindung, den Tod auszuspielen:

«Ein Kapuziner begleitete einen Schwaben bei sehr regnichtem Wetter zum Galgen. Der Verurteilte klagte unterwegs mehrmal zu Gott, daß er, bei so schlechtem und unfreundlichem Wetter, einen so sauren Gang tun müsse. Der Kapuziner wollte ihn christlich trösten und sagte: du Lump, was klagst du viel, du brauchst doch bloß hinzugehen, ich aber muß, bei diesem Wetter, wieder zurück, denselben Weg. — Wer es empfunden hat, wie öde einem, auch selbst an einem

schönen Tage, der Rückweg vom Richtplatz wird, der wird den Aus
spruch des Kapuziners nicht so dumm finden.»

Manche dieser Anekdoten sind richtige Kurzgeschichten: *Mutwille des Himmels, Der neuere (glücklichere) Werther,* die *Sonderbare Geschichte in Italien,* und die *Unwahrscheinlichen Wahrhaftigkeiten.* In ihnen tritt Kleists Sinn für Witz und Bluff, für schlagende und geistreiche Formulierung hervor. Gleichzeitig klärt sich ihm bei diesen rasch für die Zeitung hingeschriebenen Geschichten das Eigentümliche der Gattung; er begreift, daß die Formulierung durch jene Nuancen wirkt, welche er den Vorfällen gibt, das kleistisch gespannte Moment, hinarbeitend auf Überraschung durch eine unerwartete Pointe. Seine Meisterschaft auf diesem Gebiet läßt sich deutlich durch einen Vergleich mit einem andern deutschen Anekdotenerzähler, Johann Peter Hebel, erkennen. Beide Autoren haben, vermutlich nach der gleichen Quelle, folgende Anekdote erzählt. Bei Hebel:

Schlechter Lohn

Als im letzten Krieg der Franzos nach Berlin kam, in die Residenzstadt des Königs von Preußen, da wurde unter anderem viel königliches Eigentum weggenommen und fortgeführt oder verkauft. Denn der Krieg bringt nichts, er holt. Was noch so gut verborgen war, wurde entdeckt und manches davon zur Beute gemacht; doch nicht alles. Ein großer Vorrat an königlichem Bauholz blieb lange unverraten und unversehrt. Doch kam zuletzt noch ein Spitzbube von des Königs eigenen Untertanen, dachte, da ist ein gutes Trinkgeld zu verdienen, und zeigte dem französischen Kommandanten mit schmunzelnder Miene und spitzbübischen Augen an, was für ein schönes Quantum von eichenen und tannenen Baumstämmen noch da und da beisammen liege, woraus manch tausend Gulden zu lösen wäre. Aber der brave Kommandant gab schlechten Dank für die Verräterei und sagte: ‹Laßt Ihr die schönen Baumstämme nur liegen, wo sie sind. Man muß dem Feind nicht sein Notwendigstes nehmen. Denn wenn Euer König wieder ins Land kommt, so braucht er Holz zu neuen Galgen für so ehrliche Untertanen, wie Ihr einer seid.›

Eine herzhafte Geschichte, ohne Bitterkeit erzählt und mit der moralischen Nutzanwendung so harmlos daherkommend, daß sie in die Kinderlesebücher eingegangen ist. Die Ausdrücke «Spitzbube» und «schmunzelnde» Miene beschwichtigen die Niedertracht mehr als daß sie Empörung wecken. Hebel legt es nicht auf Weckung patriotischen Zorns an, sondern auf moralische Beschämung im pädagogischen Sinn. Ganz anders Kleist:

Franzosen-Billigkeit

(wert in Erz gegraben zu werden)

*Zu dem französischen General Hulin kam, während des Kriegs, ein
... Bürger, und gab, behufs einer kriegsrechtlichen Beschlagneh-
mung, zu des Feindes Besten, eine Anzahl, im Pontonhof liegender,
Stämme an. Der General, der sich eben anzog, sagte: Nein, mein
Freund; diese Stämme können wir nicht nehmen. ‹Warum nicht?›
fragte der Bürger. ‹Es ist königliches Eigentum.› — Eben darum,
sprach der General, indem er ihn flüchtig ansah. Der König von Preußen braucht dergleichen Stämme, um solche Schurken'daran hängen
zu lassen, wie Er. —*

Kleist ist viel konkreter; der französische General wird mit Namen
genannt, überhaupt ist die Szene, die sehr geschickt mit allen Details
gestellt wird, («der sich eben anzog», «indem er ihn flüchtig ansah»)
ganz auf die Antwort des Generals angelegt. Die erzählerische Inti-
mität eines Hebel ist dahin, dahin auch der gemütliche Ton. Im Gegenteil, der auffallend scharfe Gegensatz des «Schuftes» zum an-
ständigen feindlichen Offizier spricht aus der verächtlichen Bündig-
keit des Generals. Es handelt sich gleichwohl nicht um den General,
sondern um die Verurteilung des Schurken. Die wenigen Zeilen der
Anekdote enthalten die psychologische Skizze eines elenden Subjekts,
das sich dem Feind an den Hals werfen zu müssen glaubt. Die Inten-
sität des Urteils ist um so
vernichtender, als sie aus
dem Mund des Feindes,
dem man sich empfehlen
möchte, kommt. Traf He-
bel nur die sittliche Ver-
werflichkeit einer solchen
Tat und stellt sie belehrend
als abschreckendes Beispiel
hin, so baut Kleist aus
Worten und Satzteilen
eine dramatische Szene
von satirischer Wucht,
denn für ihn, dem der Adel
des Menschen, seine «Be-
stimmung», mit dem Gött-
lichen identisch war, muß
eine Tat wie die geschil-
derte zum Ausdruck für
die absolute Nichtswür-

*Achim von Arnim
(1781 — 1831)
Gemälde von Ströhling*

digkeit des Täters werden. — Ein großer Teil der «Mitesser», wie Brentano die Tischgesellschaft nennt, war Mitarbeiter an Kleists *Abendblättern*. Man pflegte nach Tisch bei einer Pfeife Tabak sitzen zu bleiben und zu plaudern (Kleist war ein großer Pfeifenraucher; die Pfeife scheint ihm nicht kalt geworden zu sein). Es waren weder Märker noch Junker, sondern in erster Linie Schriftsteller, Studenten, Literaten, Maler und Journalisten, also ein Künstlerstammtisch. Daß ein großer Teil dieser Männer Soldaten waren oder wurden, erscheint als selbstverständlich, wenn man bedenkt, daß Napoleon die europäische Welt seit fünfzehn Jahren kriegerisch in

Friedrich Baron de la Motte Fouqué (1777 — 1843) Gemälde von Wilhelm Hensel, 1818

Atem hielt. Sie waren fast alle verarmt, und selbst Wohlhabende wie Arnim hatten ihren Lebensstandard senken müssen. Selbstverständlich wurde hier auch über Politik gesprochen; Fouqué und Kleist unterhielten sich als gelernte Militärs gern über militärische Fragen — nicht aus Lust an ihrem Handwerk, sondern weil es ein Gebiet war, auf dem sie harmonierten. Mit Brentano kam es zum Bruch, weil der sich durch eigenmächtige Änderungen Kleists an seinem und Arnims Dialog *Empfindungen vor Friedrichs Seelandschaft* verletzt fühlte. Der treueste Mitarbeiter war Fouqué, der übrigens genau wußte, wie sehr Kleists wirtschaftliche Existenz am Fortbestehen der *Abendblätter* hing. Merkwürdig ist Arnims Urteil über Kleist (an Wilhelm Grimm, April 1810): «Nach Fouqué ist Kleist angekommen, ein wenig verdrehte Natur, wie das fast immer der Fall, wo sich Talent aus der alten preußischen Montierung durcharbeitete. Er ist der unbefangenste, fast zynische Mensch, der mir lange begegnet, hat eine gewisse Unbestimmtheit in der Rede, die sich dem Stammeln nähert und in seinen Arbeiten durch stetes Ausstreichen und Abändern sich äußert. Er lebt sehr wunderlich, oft ganze Tage im Bette, um da ungestörter bei der Tabakspfeife zu arbeiten.»

In dies Jahr fällt auch der Zusammenstoß Kleists mit Iffland, dem Direktor des Berliner Theaters. Kleist hatte ihm das *Käthchen von Heilbronn* zur Aufführung geschickt. Lange Zeit kam keine Antwort.

Kleist wollte Iffland jedoch zu einer Erklärung bringen und bat deshalb, Iffland möge ihm das Manuskript, da er es benötige, für einige Tage zuschicken. Iffland sandte das Manuskript sofort, und noch am gleichen Abend erfuhr Kleist, der allmächtige Theatermann habe gesagt, das *Käthchen* gefalle ihm nicht, und was ihm nicht gefalle, führe er nicht auf. Darauf schrieb Kleist sein grimmiges Billett vom 12. August 1810:

*«Wohlgeborener Herr,
Hochzuverehrender Herr Direktor!
Ew. Wohlgeboren haben mir, durch Hr. Hofrat Römer, das auf dem Wiener Theater, bei Gelegenheit der Vermählungsfeierlichkeiten, zur Aufführung gebrachte Stück, Das Käthchen von Heilbronn, mit der Äußerung zurückgeben lassen: es gefiele Ihnen nicht. Es tut mir leid, die Wahrheit zu sagen, daß es ein Mädchen ist; wenn es ein Junge gewesen wäre, so würde es Ew. Wohlgeboren wahrscheinlich besser gefallen haben. Ich bin mit der vorzüglichsten Hochachtung*

*Ew. Wohlgeboren
ergebenster
Heinrich von Kleist.»*

DAS MARIONETTENTHEATER

Es ist wahr und die Zeugnisse belegen, daß keiner der Freunde und Bekannten Kleists wußte, wer er war. Das mag traurig sein und trug dazu bei, daß er sein Leben am Schluß das allerqualvollste, das ein Mensch geführt habe, nannte. Aber es scheint nicht minder wahr zu sein, daß auch er selbst sich nie richtig kennengelernt hat, er blieb sich ein Rätsel. Und doch muß er in seinem letzten Jahr zu Erkenntnissen und Entdeckungen gekommen sein, so großartig fremder und zugleich beglückender Natur, daß er auch sich und seinem Verhängnis auf die Spur hätte kommen sollen. Andeutungen davon finden sich im *Michael Kohlhaas*, in der *Hermannsschlacht* und im *Prinzen von Homburg*. Wenn man die durch den Stil und die sprechenden

Personen jeweils bestimmten Äußerungen skelettieren könnte, so würde man den geheimnisvollen Punkt sehen, an dem sie zusammenfallen und aus dem sie genährt worden sind.

Diskursiv, erzählend, ist es ihm ein einziges Mal — und zwar in diesen Monaten — gelungen, das Rätsel des Seins soweit begreiflich zu machen, daß den Betrachter die Hellsicht erschreckt. Es sind die Einsichten eines Reiters über dem Bodensee: für einen Augenblick fällt die gnädige Hülle, welche die Wahrheit verborgen hat, und schon stürzt man, von Überfülle des Lichts geblendet, zu Boden. Im Aufsatz *Über das Marionettentheater* hat Kleist diesen Punkt erreicht.

Das zentrale Motiv seiner Dichtung wird im Symbol der Marionette erfaßt. Das Mißverhältnis von Traumwahrheit und Welttrug, von heiligem Ichgefühl und schnödem Fremdsein dieses Ich in der Welt wird als Problem seines Lebens klar. Kleists Kämpfe bestanden zum großen Teil in Versuchen, über sich selbst Klarheit zu gewinnen. Jetzt ist die Stufe erreicht. Die heillose Verdunkelung der Penthesilea enthüllt sich als Stufe auf dem Wege, auch Käthchens Glaubensgewißheit ist eine Stufe — während erst der späte Kohlhaas und dann der Prinz von Homburg beides lehren: Verdunkelung bis an den Rand des Grabes, und dann aus dem Erlebnis des Todes eine Helligkeit, die Kleists eigenes Erlebnis war. So ist sein eigener Tod überschwenglich von ihm gefeiert worden als entscheidender Schritt zur Kenntnis und zum Wissen.

Im Aufsatz *Über das Marionettentheater* sind die Stadien dieses modernen Leidensweges beschrieben als Stadien des Bewußtseins. Zuerst die natürliche naive Anmut der durch Drähte bewegten Puppe, welche ein Schwergewicht außer ihrer selbst hat, von hier geht die Betrachtung über die «Störungen» des Bewußtseins durch Überlegung (der Dornauszieher) weiter zum heilen «Bewußtsein» des fechtenden Bären, und sie münden schließlich im Hinweis auf die Überwindung des Sündenfalls im Paradies. Vieles erinnert an romantische Psychologie und ihre mythologische Metaphysik, noch mehr an die christliche Rechtfertigungslehre und Gnade; zweifellos haben solche Zusammenhänge Kleist geholfen, sein «System» zu artikulieren — aber zugrunde liegt schließlich kein romantisches und kein christliches Muster, sondern eine gnostische Selbsterlösungslehre.

Lange Zeit sind Kohlhaas und der Prinz von Homburg mit Blindheit geschlagen. Das Gesetz, dem beide zum Tode verfallen sind, das Staatsgesetz und das Kriegsgesetz, liegt außerhalb ihres eigenen Schwerpunkts; sie erkennen es nicht, sie können es deshalb auch nicht respektieren. Deshalb legt Homburg Denken und Handeln des Kurfürsten falsch aus. Penthesileas Liebe zu Achill wird durch das konventionelle Staatsbewußtsein bis zum Wahnsinn irritiert. Käthchen wird für verhext gehalten, weil sie gegen Sitte und Verstand einem Geliebten nachläuft. Penthesilea und Käthchen bleiben in ihrer Welt und erhalten jede auf ihre Weise Recht. Kohlhaas und der Prinz geraten in die Krise der Erkenntnis. Der «Schwerpunkt», ihr heiliges Gefühl, wird verschoben, und nun erkennen sie ihre Blindheit, ja

Marionette

Torheit. Beim Homburg wird die «bejahte Hingabe an die Unschuld des Gefühls ... zu einer furchtbaren tragischen Gefahr, weil sie die Kräfte und Mächte verkennt, die außerhalb ihrer selbst die Ordnungen einer Welt bestimmen, in der auch dieses Ich leben muß und die dieses Ich zu vernichten droht»[1].

Jedoch nicht die formale Struktur der Dramen wird in dem Aufsatz über das Marionettentheater nachgezeichnet, gleichsam abstrahiert, sondern erfaßt das Problem als Gleichnis und bildhaft. So verführerisch es sein mag, Kleists Dichtungen von diesem Aufsatz her zu deuten, so schwierig sind die auftauchenden Probleme, denn jedes der Dramen ist unendlich viel mehr als Realisierung von Gefühlen und Ideen, nämlich Dichtung aus eigenem Gesetz. Jedes Drama stellt einen Menschen mit eigenen Organen in die Welt, und der will sich dort als das, was er ist, sehen. Das Verfahren ist so schwierig, weil er nicht genau weiß, was die Welt ist. Darum kommt es zu den komischen oder tragischen Desengagements. E i n e der Ursachen solcher Verwirrung macht der Aufsatz *Über das Marionettentheater* überraschend deutlich:

«Ich erkundigte mich nach dem Mechanismus dieser Figuren, und wie es möglich wäre, die einzelnen Glieder derselben und ihre Punkte, ohne Myriaden von Fäden an den Fingern zu haben, so zu regieren, als es der Rhythmus der Bewegungen, oder der Tanz, erfordere.

Er antwortete, daß ich mir nicht vorstellen müsse, als ob jedes Glied einzeln, während der verschiedenen Momente des Tanzes, von dem Maschinisten gestellt und gezogen würde.

Jede Bewegung, sagte er, hätte ihren Schwerpunkt; es wäre genug,

---

[1] Benno von Wiese, Die deutsche Tragödie von Lessing bis Hebbel. Bd. 2. Hamburg 1948. S. 93. — Wieses Kapitel über Kleist stellt Kleist in den Zusammenhang der deutschen Entwicklung.

diesen, in dem Innern der Figur, zu regieren; die Glieder, welche nichts als Pendel wären, folgten, ohne irgendein Zutun, auf eine mechanische Weise von selbst . . .

Ich fragte ihn, ob er glaubte, daß der Maschinist. der diese Puppen regierte, selbst ein Tänzer sein oder wenigstens einen Begriff vom Schönen im Tanz haben müsse?

Er erwiderte, daß, wenn ein Geschäft, von seiner mechanischen Seite, leicht sei, daraus noch nicht folge, daß es ganz ohne Empfindung betrieben werden könne.

Die Linie, die der Schwerpunkt zu beschreiben hat, wäre zwar sehr einfach, und, wie er glaube, in den meisten Fällen gerad. In Fällen, wo sie krumm sei, scheine das Gesetz ihrer Krümmung wenigstens von der ersten oder höchstens zweiten Ordnung; und auch in diesem letzten Fall nur elliptisch, welche Form der Bewegung den Spitzen des menschlichen Körpers (wegen der Gelenke) überhaupt die natürliche sei, und also dem Maschinisten keine große Kunst koste zu verzeichnen.

Dagegen wäre diese Linie wieder, von einer andern Seite, etwas sehr Geheimnisvolles. Denn sie wäre nichts anderes, als der W e g   d e r   S e e l e   d e s   T ä n z e r s; und er zweifle, daß sie anders gefunden werden könne, als dadurch, daß sich der Maschinist in den Schwerpunkt der Marionette versetzt, d. h. mit andern Worten, t a n z t.

Ich erwiderte, daß man mir das Geschäft desselben als etwas ziemlich Geistloses vorgestellt hätte; etwa was das Drehen einer Kurbel sei, die eine Leier spielt.

Keineswegs, antwortete er. Vielmehr verhalten sich die Bewegungen seiner Finger zur Bewegung der daran befestigten Puppen ziemlich künstlich, etwa wie Zahlen zu ihren Logarithmen, oder die Asymptote zur Hyperbel . . .»

Erinnern wir uns, daß Kleist schon als Leutnant in Potsdam Mathematik studierte, daß ihn Mechanik, Physik und Chemie beschäftigten: hier ist nach fast zehn Jahren das Echo. Es kann kein Zufall sein, daß Kleist in diesem Aufsatz sein Hauptgleichnis aus der Mechanik nimmt, einer Wissenschaft, die ihrerseits zur Entdeckung des Wirkungsquantums führte. Man ist versucht zu sagen, Kleist habe in seinen Dichtungen bereits dargestellt, wie die Analyse auf letzte Akte stößt, die grundsätzlich nicht weiter zerlegbar sind, wo man «glauben» muß. Darum nannte er die letzte Gewißheit des Ich eine heilige. Eine Puppe so zu konstruieren, daß Ebenmaß, Leichtigkeit und Beweglichkeit ideal wären, würde bedeuten, daß sie vor lebendigen Tänzern voraushätte, sich niemals z i e r e n zu können: «Denn Ziererei erscheint, wie Sie wissen, wenn sich die Seele (vis motrix) in irgendeinem andern Punkte befindet, als in dem Schwerpunkt der Bewegung.»

«Zudem, sprach er, haben diese Puppen den Vorteil, daß sie a n t i - g r a v sind. Von der Trägheit der Materie, dieser dem Tanze entgegenstrebendsten aller Eigenschaften, wissen sie nichts: weil die Kraft, *die sie in die Lüfte erhebt, größer ist, als jene, die sie an der Erde fesselt. Was würde unsere gute G ... darum geben, wenn sie sechzig Pfund leichter wäre, oder ein Gewicht von dieser Größe ihr, bei ihren Entrechats und Pirouetten, zu Hilfe käme? Die Puppen brauchen den Boden nur, wie die Elfen, um ihn zu s t r e i f e n und den Schwung der Glieder, durch die augenblickliche Hemmung, neu zu beleben; wir brauchen ihn, um darauf zu r u h e n und uns von der Anstrengung des Tages zu erholen: ein Moment, der offenbar selber kein Tanz ist, und mit dem weiter sich nichts anfangen läßt, als ihn möglichst verschwinden zu machen.*

Ich sagte, daß, so geschickt er auch die Sache seiner Paradoxe führe, er mich doch nimmermehr glauben machen würde, daß in einem mechanischen Gliedermann mehr Anmut enthalten sein könne, als in dem Bau des menschlichen Körpers.

Er versetzte, daß es dem Menschen schlechthin unmöglich wäre, den Gliedermann darin auch nur zu erreichen. Nur ein Gott könne sich, auf diesem Felde, mit der Materie messen; und hier sei der Punkt, wo die beiden Enden der ringförmigen Welt ineinandergriffen.

Ich erstaunte immer mehr, und wußte nicht, was ich zu so sonderbaren Behauptungen sagen sollte.

Es scheine, versetzte er, indem er eine Prise Tabak nahm, daß ich das dritte Kapitel vom ersten Buch Moses nicht mit Aufmerksamkeit gelesen; und wer diese erste Periode aller menschlichen Bildung nicht kennt, mit dem könne man nicht füglich über die folgenden, um wieviel weniger über die letzte, sprechen.

Ich sagte, daß ich gar wohl wüßte, welche Unordnungen, in der natürlichen Grazie des Menschen, das Bewußtsein anrichtet ...»

Hier folgt die Episode von dem jungen Mann, der die Grazie des Dornausziehers vorm Spiegel nachahmen wollte; aber es mißglückt, ja, wird komisch.

Eine ganze Reihe Kleistscher Kerndinge sind berührt: der Körper, die Paradoxie des Bewußtseins, Anmut und Grazie, Natur (die alte Rousseausche Zauberformel), die Parallele der Puppe mit dem Gott, das Amphitryon-Thema, und schließlich das kostbare Bild von der Nahtstelle der «ringförmigen Welt», welches man sich freilich mit Kleists Vorstellung von der Geschichte der Welt und nicht kosmisch-geometrisch erklären muß: nach Kleist geht der Weg der Menschheit linear vom Paradies aus und hat das Paradies zum Ziel. Eben davon handeln die letzten Abschnitte des Aufsatzes.

Es wird die Geschichte von dem Bären erzählt, welcher alle Schläge eines Säbelkämpfers geschickter als irgendein Mensch zu parieren wußte. Auch auf Finten ging er nicht ein, sondern Aug in Aug, als ob er des Gegners Seele darin lesen könnte, stand er, die Tatze schlagfertig erhoben, und rührte sich nicht, wenn die Stöße nicht ernst gemeint waren. Dann schließt der Aufsatz:

«Nun, mein vortrefflicher Freund, sagte Herr C ..., so sind Sie im Besitz von allem, was nötig ist, um mich zu begreifen. Wir sehen, daß

in dem Maße, als, in der organischen Welt, die Reflexion dunkler und schwächer wird, die Grazie darin immer strahlender und herrschender hervortritt. — Doch so, wie sich der Durchschnitt zweier Linien, auf der einen Seite eines Punkts, nach dem Durchgang durch das Unendliche, plötzlich wieder auf der andern Seite einfindet, oder das Bild des Hohlspiegels, nachdem es sich in das Unendliche entfernt hat, plötzlich wieder dicht vor uns tritt: so findet sich auch, wenn die Erkenntnis gleichsam durch ein Unendliches gegangen ist, die Grazie wieder ein; so, daß sie, zu gleicher Zeit, in demjenigen menschlichen Körperbau am reinsten erscheint, der entweder gar keins oder ein unendliches Bewußtsein hat, d. h. in dem Gliedermann, oder in dem Gott.

Mithin, sagte ich ein wenig zerstreut, müßten wir wieder von dem Baum der Erkenntnis essen, um in den Stand der Unschuld zurückzufallen?

Allerdings, antwortete er; das ist das letzte Kapitel von der Geschichte der Welt.»

Ist Erkenntnis ein Verrat? Und wenn ja, ein Verrat vor allem an der Kunst? Träumend Kunst zu schaffen, wäre wohl Kleists Ideal? Was ist es dann mit jenem w i e d e r vom Baum der Erkenntnis essen? Das wird bejaht; aber es ist das l e t z t e Kapitel von der Geschichte der Welt. Kohlhaas und der Prinz von Homburg haben diese Erfahrung hinter sich. Sie haben den Frieden zwischen Geist und Stoff, Ich und Welt erfahren, und es ist ein Friede, von dem nur die Naiven annehmen, er werde geschenkt. Die Seele ist ihnen nicht mehr Gefangene des Leibes, das Ewige ist in jedem Augenblick da. Man braucht keine Mythe mehr, weder die erfundene um einen zerbrochenen Krug, noch eine historische wie im Amazonenstück. Man braucht nur sich selbst in der konkreten Situation, die eine absolute, ja ewige ist.

DER PRINZ VON HOMBURG

Der *Prinz von Homburg* wurde durch Tieck bekannt, als er das Drama in literarischen Kreisen vorlas. Tieck rühmte sich, Kleists Ruhm dadurch am meisten gefördert zu haben. Für die Nachwelt förderte er Kleists Ruhm durch die Herausgabe des Stückes, das sonst vielleicht verloren gegangen wäre, wie mit einigen Manuskripten Kleists geschehen.[1] Bereits 1816 machte Ferdinand Grimm seinen Brüdern Wilhelm und Jacob Mitteilung, ein bisher unbekanntes Stück des toten

---

[1] Verlorengegangen sind die *Geschichte meiner Seele, Ideenmagazin* und *Tagebuch.* (Wahrscheinlich sind die drei Titel Bezeichnungen für e i n Werk.) Die *Geschichte meiner Seele,* ursprünglich für Rühle von Lilienstern verfaßt, befand sich im Besitz Sophie von Hazas, die seit 1809 mit Adam Müller verheiratet war. Schon die Tochter wußte 1816 nicht, was aus dem Manuskript geworden sei. Vermutlich ging es bei einem Verleger verloren.

*Horst Caspar in der Titelrolle
von Kleists «Prinz von Homburg»*

Kleist solle gedruckt werden, doch kam es erst 1821 dazu. Noch im gleichen Jahre wurde das Drama auf den Theatern in Wien, Breslau, Frankfurt am Main, Dresden und in einer Reihe kleinerer Orte gespielt, 1823 folgte Hamburg, erst 1828 Berlin. Der Widerstand ging vom Hof- und Militäradel aus. In Wien protestierte Erzherzog Karl, in Berlin Herzog Karl von Mecklenburg, Bruder der Königin Luise. Heinrich Heine schrieb: «Es ist jetzt bestimmt, daß das Kleistsche Schauspiel, der *Prinz von Homburg,* nicht auf unserer Bühne erscheinen wird, und zwar, wie ich höre, weil eine edle Dame glaubt, daß ihr Ahnherr in einer unedlen Gestalt darin erscheine. Dieses Stück ist noch immer der Erisapfel in unsern ästhetischen Gesellschaften. Was mich betrifft, so stimme ich dafür, daß es gleichsam vom Genius der Poesie selbst geschrieben ist.» Die edle Dame war die Prinzessin Wilhelm, Amalie Marianne, eine geborene Homburgerin.

Das Stück beginnt in Fehrbellin in einem Garten altfranzösischen Stils. Im Hintergrund sieht man ein Schloß, von dem eine Rampe herunterführt. Es ist Nacht, der Prinz, preußischer Reitergeneral, sitzt mit bloßem Kopf und offner Brust, halb wachend, halb schlafend unter einer Eiche und windet sich einen Kranz. Der Kurfürst von Brandenburg, seine Gemahlin, seine Nichte Natalie und andre treten heimlich aus dem Schloß und schauen vom Geländer der Rampe auf ihn nieder. Pagen mit Fackeln. — Das ist die Szene zum ersten Akt. Die politisch-militärische Lage drängt nach Entscheidung, die letzte Schlacht mit den Schweden, die man seit drei Tagen verfolgt hat, steht bevor. Der Anfang des Stücks ist bravourös:

HOHENZOLLERN: *Der Prinz von Homburg, unser tapfrer Vetter,*
   Der, an der Reuter Spitze, seit drei Tagen
   Den flüchtgen Schweden munter nachgesetzt
   Und sich erst heute wieder, atemlos,
   Im Hauptquartier zu Fehrbellin gezeigt:
   Befehl ward ihm von dir, hier länger nicht,
   Als nur drei Füttrungsstunden zu verweilen,
   Und gleich dem Wrangel wiederum entgegen,
   Der sich am Rhyn versucht hat einzuschanzen,
   Bis an die Hackelberge vorzurücken?
DER KURFÜRST: *So ists!*
HOHENZOLLERN: *Die Chefs nun sämtlicher Schwadronen,*
   Zum Aufbruch aus der Stadt, dem Plan gemäß,
   Glock zehn zu Nacht, gemessen instruiert,
   Wirft er erschöpft, gleich einem Jagdhund lechzend,
   Sich auf das Stroh, um für die Schlacht, die uns
   Bevor beim Strahl des Morgens steht, ein wenig
   Die Glieder, die erschöpften, auszuruhn.
DER KURFÜRST: *So hört ich! — Nun?*
HOHENZOLLERN: *Da nun die Stunde schlägt,*
   Und aufgesessen schon die ganze Reuterei
   Den Acker vor dem Tor zerstampft,

> *Fehlt — wer? der Prinz von Homburg noch, ihr Führer.*
> *Mit Fackeln wird und Lichtern und Laternen*
> *Der Held gesucht — und aufgefunden, wo?*
> (Er nimmt einem Pagen die Fackel aus der Hand.)
> *Als ein Nachtwandler, schau, auf jener Bank,*
> *Wohin im Schlaf, wie du nie glauben wolltest,*
> *Der Mondschein ihn gelockt, beschäftiget,*
> *Sich träumend, seiner eignen Nachwelt gleich,*
> *Den prächtgen Kranz des Ruhmes einzuwinden.*

Der träumende Held! Kleists Thema! Man darf sich nicht wundern, wenn Nachkommen und Generale enttäuscht von diesem Bilde sind, denn was hier aufgelöst von jenem Genius der Poesie erscheint, mit offner Brust, und träumend, außer sich, ja «rasend» («*So wahr ich Leben atm', er weiß nicht mehr, daß er der märkschen Reuter Oberst ist*») und selber sagend:

> *Ich weiß nicht, liebster Heinrich, wo ich bin.*

ein Mondwandler, sich selber unbewußt, das ist kein preußischer General, sondern ein mit den Worten Kleistischer Verzauberung wie der Graf vom Strahl im *Käthchen von Heilbronn* Redender:

> *Und weil die Nacht so lieblich mich umfing,*
> *Mit blondem Haar, von Wohlgeruch ganz triefend —*
> *Ach! wie der Bräutgam eine Perserbraut,*
> *So legt ich hier in ihren Schoß mich nieder.*

Die Nacht unter dem erotischen Bild der Braut, die ihn einhüllt mit blonden Haaren — was anders ist das als privat, weit weg von Kriegsgeschrei und Politik! Der Anspruch der Geschichte an diesen Helden wird schon noch erhoben.

Die Traumszenen klammern die fünf Akte ein. Durch eigene Schuld überhört der Prinz bei der Befehlsausgabe die Instruktion zur Feldschlacht, immer noch befangen, und wie einzigartig ist die Szene, feierlich mit aufstehenden Damen, schreibenden Offizieren, dem Durcheinander von Befehl und Irritation, Politik und höfischer Rücksicht; es ist preußisches Milieu mit Offizieren, die Herren und zugleich Menschen sind:

FELDMARSCHALL (sieht in ein Papier, das er in der Hand hält, fährt fort):
   Des Prinzen Durchlaucht wird —
DER PRINZ VON HOMBURG: *Den Handschuh sucht sie —!*
(Er sieht bald den Handschuh, bald die Prinzessin an.)
FELDMARSCHALL: *Nach unsers Herrn ausdrücklichem Befehl —*
RITTMEISTER VON DER GOLZ (schreibt):
   Nach unsers Herrn ausdrücklichem Befehl —
FELDMARSCHALL: *Wie immer auch die Schlacht sich wenden mag,*
   Vom Platz nicht, der ihm angewiesen, weichen —

Der Prinz denkt an das Sinnbild seiner Liebe zu Natalie, den Handschuh:

— *Rasch, daß ich jetzt erprüfe, ob ers ist!*

Er läßt zugleich mit seinem Schnupftuch den Handschuh fallen; das
Schnupftuch hebt er wieder auf, den Handschuh läßt er so, daß ihn
jedermann sieht, liegen.

FELDMARSCHALL (befremdet):
   Was macht des Prinzen Durchlaucht?
HOHENZOLLERN (heimlich):   *Arthur!*
DER PRINZ VON HOMBURG: *Hier!*
HOHENZOLLERN: *Ich glaub,*
   Du bist des Teufels?!
DER PRINZ VON HOMBURG: *Was befiehlt mein Marschall?*

Er nimmt wieder Stift und Tafel zur Hand. Der Feldmarschall sieht
ihn einen Augenblick fragend an. Pause. Die kleinen Gebärden, die
Blicke, die stummen Vorwürfe, die Fragen werden dereinst wichtig.
Sie müssen sorgfältig ausgespielt werden, denn in ihnen liegt die
Motivation für das unglücklich-glückliche Handeln des Prinzen in
dem Soldatenstück, das nun anhebt, die Welt der Tat, der Aktion,
der Handlung.
Der Prinz glaubt, in seinem Traum die Zukunft bereits zu besitzen,
und spricht es aus mit heimlicher Gewißheit in Versen von unvergeß-
lichem Ton:

>   *Nun denn, auf deiner Kugel, Ungeheures,*
>   *Du, der der Windeshauch den Schleier heut,*
>   *Gleich einem Segel lüftet, roll heran!*
>   *Du hast mir, Glück, die Locken schon gestreift:*
>   *Ein Pfand schon warfst du, im Vorüberschweben,*
>   *Aus deinem Füllhorn, lächelnd mir herab:*
>   *Heut, Kind der Götter, such ich, flüchtiges,*
>   *Ich hasche dich im Feld der Schlacht und stürze*
>   *Ganz deinen Segen mir zu Füßen um:*
>   *Wärst du auch siebenfach, mit Eisenketten,*
>   *Am schwedschen Siegeswagen festgebunden!*

Dies Glück, die heidnische Fortuna, aus- und angesprochen wie eine
holde Macht, die sich dem Sprecher schon ergeben hat, wird ertrotzt
gegen das Schicksal, weil der Held so naiv an sich glaubt. Doch die
Welt folgt ihm nur scheinbar, das Glück kommt als Zufallsglück, und
aus dem Triumph des gegen den Befehl errungenen Siegs kommt der
Absturz. Vollzog sich in Kleists früheren Stücken ein Sieg des Traums
und des Ich gegen die Welt, so ist es hier umgekehrt. Die rasche In-
tuition bringt zwar den Sieg über die Schweden, aber der Prinz hat
sich gegen das Gesetz der Kriegsordnung vergangen. Der Weg des
Dramas geht dahin, wo sich Traum und Wirklichkeit decken, in der
Brust des Helden.

Die Sprache ist der genaueste Spiegel der künstlerischen Absicht des Dichters. Sie erscheint hier in Bewußtseinsfacetten verschiedner Farbe aufgelöst. Die Diktion der Offiziere ist unproblematisch, sie sind von einem beinah blinden Feuer, das ihnen ansteht, weil es ihr Wesen ausspricht. Die Frauen sprechen zurückhaltend mit einer verhaltenen Trauer über die Welt des Krieges und der Taten. Sie haben sich im Innern ein Organ der Ruhe bewahrt, das sie über die wechselnde Gunst der Schlachtenstunden trägt. Denn jetzt beginnt die Schlacht, das Soldatenstück, die Aura der Schüsse und Gerüchte, der Befehle und Irrtümer, der Fortuna im äußeren Sinn, Welt in jedem Sinn, wo des Menschen Herz nur noch von äußeren Ereignissen regiert zu werden scheint:

> Drauf faßt, bei diesem schreckensvollen Anblick,
> Schmerz, unermeßlicher, des Prinzen Herz;
> Dem Bären gleich, von Wut gespornt und Rache,
> Bricht er mit uns auf die Verschanzung los:
> Der Graben wird, der Erdwall, der sie deckt,
> Im Anlauf überflogen, die Besatzung
> Geworfen, auf das Feld zerstreut, vernichtet;
> Kanonen, Fahnen, Pauken und Standarten,
> Der Schweden ganzes Kriegsgepäck erbeutet:
> Und hätte nicht der Brückenkopf am Rhyn
> Im Würgen uns gehemmt, so wäre keiner,
> Der, an dem Herd der Väter, sagen könnte:
> Bei Fehrbellin sah ich den Helden fallen.

Die Gerüchte vom totgesagten Kurfürsten sind der Gipfel dieser Trugszenen der Fortuna. Eine Sphäre schiebt sich über die andre, sie durchdringen einander, und eben jetzt, noch auf dem Schlachtfeld, da der Kurfürst für tot gilt, finden sich Natalie und Homburg.

DER PRINZ VON HOMBURG (schlägt seinen Arm um ihren Leib):
> O meine Freundin! Wäre diese Stunde
> Der Trauer nicht geweiht, so wollt ich sagen:
> Schlingt Eure Zweige hier um diese Brust,
> Um sie, die schon seit Jahren, einsam blühend,
> Nach Eurer Glocken holden Duft sich sehnt!

NATALIE: *Mein lieber, guter Vetter!*
DER PRINZ VON HOMBURG: *Wollt Ihr? Wollt Ihr?*
NATALIE: — *Wenn ich ins innre Mark ihr wachsen darf?*
(Sie legt sich an seine Brust.)
DER PRINZ VON HOMBURG: *Wie? was war das?*
NATALIE: *Hinweg!*
DER PRINZ VON HOMBURG (hält sie):   *In ihren Kern!*
> *In ihres Herzens Kern, Natalie!*   (Er küßt sie.)

Solch eine Szene herzlicher Innigkeit dringt in die Poesie des Krieges. Beide Szenen sind jugendlich blind, begeisternd für den heldischen Typ; sie führen beide — der gegen den Befehl errungene Sieg und die

Gérard Philipe in einer Aufführung des «Prinz von Homburg»

gegen die hohe Politik bekannte Liebe — an die äußerste Grenze der Welt, den Tod.

Der Kurfürst lebt, die Sinne haben getrogen; nicht der Kurfürst saß auf dem gestürzten Schimmel, sondern der treue Stallmeister Froben. (Hier hat Kleist eine der schönsten Hohenzollernschen Familiensagen eingeflochten.) Die nächste Szene spielt bereits in Berlin, wo der Kurfürst als großer Souverän auftritt. In ihm decken sich die Sphären, er ist Staatsmann und zugleich menschlich, er ist der Staat und zugleich ein Einzelner, er ist Repräsentant und zugleich einsam. So wie er einen Augenblick lang verloren schien, ist auch Homburg vom Gerücht des Untergangs für einen Augenblick verschlungen. Es gehört zu seinem Schicksal, das Urteil anonym zu empfangen:

DER KURFÜRST: *Wer immer auch die Reuterei geführt,*
Am Tag der Schlacht, und, eh der Obrist Hennings
Des Feindes Brücken hat zerstören können,
Damit ist aufgebrochen, eigenmächtig,
Zur Flucht, bevor ich Order gab, ihn zwingend,
Der ist des Todes schuldig, das erklär ich,
Und vor ein Kriegsgericht bestell ich ihn.

Die bei Kleist häufige Duplizierung des Motivs soll die trügerische Seite des Glücks demonstrieren. Die soldatisch-heroische Welt bezieht sich auf Aktion. Auch sie ist Trug. (In der Novelle *Der Zweikampf* erweist sich am Ende der scheinbare Sieger als der Besiegte.) Als nun Homburg auftaucht, wird er verhaftet. Er versteht den Kurfürsten nicht:

Mein Vetter Friedrich will den Brutus spielen,
Und sieht, mit Kreid auf Leinewand verzeichnet,
Sich schon auf dem kurul'schen Stuhle sitzen:
Die schwedschen Fahnen in dem Vordergrund,
Und auf dem Tisch die märkschen Kriegsartikel.

Und dann spricht er aus, was den Prozeß seiner eigenen Reifung ausmachen soll:

Bei Gott, in mir nicht findet er den Sohn,
Der, unterm Beil des Henkers, ihn bewundre.

Es kommt zum Todesurteil; das wird unterschrieben, aber noch kann und mag Homburg es nicht glauben. Er meint, das Todesurteil sei von der Pflicht des Kurfürsten diktiert, nun werde dieser seinem Herzen gehorchen und den Sieger von Fehrbellin freilassen. Homburg glaubt nicht an den Ernst, und als nun hinzukommt, daß der Kurfürst mit Natalie politische Pläne hat, glaubt er einen niedrigen Grund für seine Verurteilung zu erkennen, er hält den Kurfürsten für grausam. Verzweiflung und Angst erfassen den Prinzen, er geht aus dem Gefängnis zur Kurfürstin, seiner Tante, und fleht sie an:

O meine Mutter, also sprächst du nicht,
Wenn dich der Tod umschauerte wie mich!

Du scheinst mit Himmelskräften, rettenden,
Du mir, das Fräulein, deine Fraun, begabt,
Mir alles rings umher; dem Troßknecht könnt ich,
Dem schlechtesten, der deine Pferde pflegt,
Gehängt am Halse flehen: rette mich!

Das ist die elementare Angst vor dem Tod, wie sie kein Dichter der klassischen Zeit artikuliert hat, wie sie dem heroischen und soldatischen Ideal widerspricht, und sehr weit zurück, zur vorklassischen Antike bei Homer, muß man gehen, zur Klage Achills in der Unterwelt, um eine annähernd tiefe Flehung um das nackte Leben zu finden.

Natalie tut einen Bittgang zum Kurfürsten, und der hält ihr das entscheidende Argument entgegen:

Meint er, dem Vaterlande gelt es gleich,
Ob Willkür drin, ob drin die Satzung herrsche?

Entscheidend ist die vierte Szene des vierten Akts, als Natalie Homburg im Gefängnis aufsucht und ihm die dem Kurfürsten abgerungene Begnadigung überbringt:

DER PRINZ VON HOMBURG (liest):
«Mein Prinz von Homburg, als ich Euch gefangensetzte,
Um Eures Angriffs, allzu früh vollbracht,
Da glaubt ich nichts als meine Pflicht zu tun;
Auf Euren eignen Beifall rechnet ich.
Meint Ihr, ein Unrecht sei Euch widerfahren,
So bitt ich, sagts mir mit zwei Worten —
Und gleich den Degen schick ich Euch zurück.»
(Natalie erblaßt. Pause. Der Prinz sieht sie fragend an.)
NATALIE (mit dem Ausdruck plötzlicher Freude):
Nun denn, da stehts! Zwei Worte nur bedarfs —!
O lieber, süßer Freund!
(Sie drückt seine Hand.)
DER PRINZ VON HOMBURG: *Mein teures Fräulein!*
NATALIE: *O selge Stunde, die mir aufgegangen! —*
Hier, nehmt, hier ist die Feder; nehmt, und schreibt!
DER PRINZ VON HOMBURG. *Und hier die Unterschrift?*
NATALIE: *Das F; sein Zeichen! —*
O Bork! O freut Euch doch! — O seine Milde
Ist uferlos, ich wußt es, wie die See. —
Schafft einen Stuhl nur her, er soll gleich schreiben.
DER PRINZ VON HOMBURG: *Er sagt, wenn ich der Meinung wäre —?*
NATALIE (unterbricht ihn):   *Freilich!*
Geschwind! Setzt Euch! Ich will es Euch diktieren.
(Sie setzt ihm einen Stuhl hin.)
DER PRINZ: — *Ich will den Brief noch einmal überlesen.*
NATALIE (reißt ihm den Brief aus der Hand):
Wozu? — Saht Ihr die Gruft nicht schon im Münster,

> *Mit offnem Rachen, Euch entgegengähnen? —*
> *Der Augenblick ist dringend. Sitzt und schreibt!*

Natalie ahnt, daß sich seit eben diesem Augenblick, da Homburg am offnen Grab stand, eine Wende in und mit ihm vollzogen hat. Indem der Kurfürst Homburg selbst die Entscheidung überläßt, entscheidet sich dieser für das Urteil. Homburg erkennt, daß der Kurfürst recht hat; freiwillig unterwirft er sich:

> *Ich will ihm, der so würdig vor mir steht,*
> *Nicht, ein Unwürdger, gegenüberstehn!*
> *Schuld ruht, bedeutende, mir auf der Brust.*

Homburg will nun keine Gnade mehr, und eben damit hat er dem Kurfürsten die Freiheit gegeben, ihn wirklich zu begnadigen, wozu es dann im letzten Akt, der in sich hoch dramatisch abläuft, kommt. Generalität und Bataillone stehen vor dem Schloß, man bittet um Gnade für den Prinzen. Kottwitz tritt vor seinen Herrn und führt die Sache des Soldaten, des Rechts, der Billigkeit, der Vernunft, der Menschlichkeit, und nun ist es des Kurfürsten Triumph, daß er Homburg aus dem Gefängnis vorführen kann:

> *Der wird dich lehren, das versichr ich dich,*
> *Was Kriegszucht und Gehorsam sei! Ein Schreiben*
> *Schickt er mir mindstens zu, das anders lautet,*
> *Als der spitzfündge Lehrbegriff der Freiheit,*
> *Den du hier, wie ein Knabe, mir entfaltet.*

Jener spitzfündige Lehrbegriff der Freiheit — sollte es nicht Kleists Protest gegen Schillers Posa sein? Das Erlebnis am offenen Grab hat den Prinzen gelehrt, den Tod freiwillig anzunehmen. Darum ist, was Kottwitz sagt, nichts Dummes oder Schlechtes gewesen; Kottwitz vertritt den Ideengang der Normalität auf hoher, anständiger Ebene, es ist die Idee der üblichen Billigkeit. Homburg ist inzwischen geworden, was der Kurfürst, schweigend, immer schon war: Herr seiner Selbst, nicht vom blinden Glück, sondern vom Herzen in Dienst genommen. Das Herz tut die Pflicht freiwillig, und die Pflicht wird bewußt getan — nicht träumend oder gegen den Befehl. Die Sphären decken sich und geben übereinandergelegt das gleiche Muster frei, so daß der höchste Punkt der Existenz, der wahre Triumph, in Kleists unsterblichen Versen, die man auf der Schule auswendig lernt, erreicht ist:

> *Nun, o Unsterblichkeit, bist du ganz mein!*
> *Du strahlst mir durch die Binde meiner Augen,*
> *Mit Glanz der tausendfachen Sonne zu!*
> *Es wachsen Flügel mir an beiden Schultern,*
> *Durch stille Ätherräume schwingt mein Geist;*
> *Und wie ein Schiff, vom Hauch des Winds entführt,*
> *Die muntre Hafenstadt versinken sieht,*
> *So geht mir dämmernd alles Leben unter:*

Jetzt unterscheid ich Farben noch und Formen,
Und jetzt liegt Nebel alles unter mir.

DER PRINZ setzt sich auf die Bank, die in der Mitte des Platzes, um die Eiche — wie im ersten Akt — aufgeschlagen ist. Er trägt die Augen verbunden, er meint zum Tod geführt zu werden und sagt zu Stranz:

Ach, wie die Nachtviole lieblich duftet!
— Spürst du es nicht?
STRANZ darauf:
Es sind Levkojn und Nelken . . .
Es scheint, ein Mädchen hat sie hier gepflanzt.
Kann ich dir eine Nelke reichen?
DER PRINZ ·   *Lieber! —*
Ich will zu Hause sie in Wasser setzen.

Er ist so bereit zum Tod, daß er nicht an ihn denkt, sondern die Blume «zu Hause» in Wasser setzen will. Es ist das äußerste Sinnbild für die Abwesenheit des Geistes in dieser Welt, den Sieg des Unbewußten.

Was darauf folgt, ist der Triumph der preußischen Legende, des Märchens. Der Kurfürst — selbst ein in diesem Stück langsam sich offenbarender Charakter [1] — krönt ihn mit dem Lorbeer, welcher Zeichen des Sieges für Feldherren und Dichter ist. Kanonenschüsse und Musik ertönen, das Schloß erhellt sich, die Offiziere huldigen dem Sieger (von dem es kurz vorher noch hieß, sein Name werde von den Kanzeln als Siegername verlesen, auch wenn der Träger erschossen wird: das gehört zum Offizierskodex). Ist diese Oper Traum? Kottwitz spricht es aus: «*Ein Traum, was sonst?*» und sie darf ausklingen in den Ruf: «*In Staub mit allen Feinden Brandenburgs.*»

Warum darf sie es? Weil die Legende, das Märchen vorher wissen, daß es gut ausgehen wird. Die erste Szene hat «im Traum» das Rätsel gelöst, dessen Enträtselung Gegenstand der Handlung war. Anfang und Schluß sind fast stumme Pantomimen über eine Sache, die eigentlich unaussprechlich ist, weil das Aussprechen sie zerstört. Der Dornauszieher ist im gleichen Augenblick nicht mehr Dornauszieher, wo er sich als solchen erfaßt. Im *Prinz von Homburg* ist das Preußische das Unaussprechliche. Was von der Geschichte bleibt, die «ringförmig» ist, das ist die Berührung der Pole außer dem Raum und der Zeit. Sie wird Ereignis in der Dichtung, als Dichtung. Denn nur Dichtung vermag die quälende Ambivalenz darzustellen, in der Gestalt und im Ereignis, die dem diskursiven Sagen entzogen bleibt. So ist der Dichter dieses Stückes der größte Dichter der Idee Preußen geworden, obgleich er ihr als Mensch schon fern stand.

---

[1] Das hat Max Kommerell gezeigt: Die Sprache und das Unaussprechliche. Eine Betrachtung über Heinrich von Kleist. In: Kommerell, Geist und Buchstabe der Dichtung. Frankfurt a. M. 1940. S. 243 — 317.

Indem sich der Prinz tot denkt, indem er in sein Grab geblickt hat, hat er das Irdische überwunden, nicht wie ein Schillerscher Held durch Erhebung des Willens, sondern durch Demütigung, durch das Gegenbild des Feigen, der er in der Schlacht nie war. Woher die Kraft der Überwindung kommt, bleibt verborgen. Kleists Monologe sind kurz, auch der Prinz sagt nie mehr als elf Zeilen; daraus spricht die Scham des Einsamen, der weiß, daß für die Tiefe seines Gefühls kein Mensch existiert, der es verstehen kann. Hier berührt sich Kleist mit seinem Helden, und darum liegt hier, wo sich der Held dem preußischen Staat stellt, die Lösung des dichterischen Problems. Es ist freilich so verschwiegen wie der Held, nur das Symbol des Lorbeers und die pantomimischen Sprachlosigkeiten der Figur weisen darauf hin. Es liegt in einer Schicht, wo nicht mehr gesprochen wird, wo man fühlt, wo man rein, wo man heilig ist. Kleists Dichtertum fand Ruhe in einem Staat, der eine dichterische Überhöhung in die Legende, ins Märchen ist. Der Staat Preußen, den Homburg und Kleist wünschen, existiert — wirklicher als jede konkrete Form Preußens — als Idee in ihrem Innern. Das Geschehen der Welt wird diesem Innern gehorchen, weil es stärker ist als die Welt.

Im *Prinzen von Homburg* hat Kleist ein Rätsel gelöst. Die gestaute, grammatisch zerrissene Sprache, ihr Taumeln und die expressive Form, sind ihm Mittel, den «unaussprechlichen Menschen», wie er sich selbst genannt hat, wenigstens stammelnd vorzuführen. Für seine eigene Person hatte er keine Hoffnung, verstanden zu werden. Die Aufnahme des Dramas beweist historisch, wie recht er hatte. Darum ist der *Prinz von Homburg* sein letztes Stück geblieben. Wie Homburg ging Kleist durch den Tod und erhoffte ein Weiterleben im Paradies. In dem letzten Brief an Sophie von Haza-Müller schreibt er: «*Wir ... träumen lauter himmlische Fluren und Sonnen, in deren Schimmer wir, mit langen Flügeln an den Schultern, umherwandeln werden.*» Ist das die Unsterblichkeit, welche der Prinz so jubelnd begrüßt hatte? Kleist hat es geglaubt.

DAS ENDE AM WANNSEE

Im Dezember 1810 hatten die *Berliner Abendblätter* so viele Abonnenten verloren, daß Kleist in Bedrängnis geriet. Er versuchte den Charakter der Zeitung zu ändern, indem er eine Art Staatsanzeiger aus ihr machen wollte und Männer aus der Verwaltungsbürokratie bat, Beiträge zu schreiben. Dafür erwartete er von der Staatskanzlei eine Subvention, die jedoch nicht gewährt wurde. Die Zeitung ging im Frühjahr 1811 ein, und Kleist, durch den Tod der Königin Luise um eine kleine Rente aus deren Privatschatulle gebracht, drohte völlige Mittellosigkeit. In verschiedenen Schreiben an Raumer und Hardenberg suchte er eine kleine Pension vom Staat zu erreichen, die man ihm mündlich zugesichert hatte. Er betrachtete den Untergang der *Abendblätter* jetzt verbittert als die Folge von Intrigen und Zensurmaßnahmen.

Ulrike scheint mit kleinen Zuschüssen ausgeholfen zu haben, hin und wieder kamen bescheidene Honorare vom Verleger Reimer. Die politische Lage spitzte sich zu, und Kleist versuchte in die preußische Armee zurückzukehren, er machte sich Hoffnung, im Stabe des Königs oder mindestens als Kompanieführer Verwendung zu finden. Adam Müller verließ Berlin. Kleist näherte sich Fouqué, der ihn zu sich einlud, vor allem aber seiner angeheirateten Kusine Marie von Kleist, zu der seit der Potsdamer Zeit freundschaftliche Beziehungen bestanden.

Marie war jetzt eine Dame von fünfzig Jahren und stand vor der Scheidung (sie ist dann vor 1812 schuldlos von dem Major Friedrich Wilhelm Christian von Kleist geschieden). Sie ist die Empfängerin seiner letzten Briefe geworden, seine Vertraute, nachdem Ulrike unter dem Einfluß der Frankfurter Verwandtschaft den Bruder hatte fallenlassen, eine Frau, mit der er sich über sein Wesen und seine Kunst aussprechen konnte; in den letzten Monaten brauchte er in den Briefen an sie das Du. Ihr konnte er anvertrauen, daß er nach den Verstimmungen dieser Monate die Kunst ganz ruhen lassen möchte [1] und sich außer mit den Wissenschaften, in denen er noch einiges nachzuholen habe, mit nichts als der Musik beschäftigen möchte.

«Denn ich betrachte diese Kunst als die Wurzel oder vielmehr, um mich schulgerecht auszudrücken, als die algebraische Formel aller übrigen, und so, wie wir schon einen Dichter haben — mit dem ich mich übrigens auf keine Weise zu vergleichen wage — der alle seine Gedanken über die Kunst, die er übt, auf Farben bezogen hat, so habe ich, von meiner frühesten Jugend an, alles allgemeine, was ich über die Dichtkunst gedacht habe, auf Töne bezogen. Ich glaube,

---

[1] Im Sommer bot er dem Verleger den *Prinzen von Homburg* zum Druck an. Dabei schrieb er, daß er mit seinem Roman ziemlich weit vorgerückt sei, «der wohl zwei Bände betragen dürfte». Der *Roman* ist wohl identisch mit der *Geschichte meiner Seele.*

daß im Generalbaß die wichtigsten Aufschlüsse über die Dichtkunst enthalten sind.» (Mai 1811 an Marie von Kleist).

Noch einmal schien sich alles zum Guten wenden zu können. Der König nahm Kleist in Gnaden auf, er trat mit Gneisenau in ein persönliches Verhältnis, verkehrte bei Rahel Levin.
Durch Adam Müller hatte Kleist Henriette Vogel kennengelernt, die Frau eines kgl. Rendanten. Mit ihr musizierte er. Sie litt an einer schweren Krankheit, vermutlich Gebärmutterkrebs, und als sie durch eine Unvorsichtigkeit ihres Arztes erfuhr, daß ihr Zustand hoffnungslos sei, gab sie sich auf. Als Kleist einmal, halb scherzhaft, halb trübsinnig von Erschießen sprach (auch Marie von Kleist hat er den Doppelselbstmord angeboten), fiel das Wort wie ein Kristall in eine Lauge: alles setzte sich bei ihr an diesen Gedanken an, und Kleist, der Henriette verehrte, aber nicht ihr Liebhaber war, begeisterte sich bis zu trunkenem Enthusiasmus über das gemeinsame «prächtige Grab», das sie aufnehmen werde. Endlich hatte er den Partner zum Tode gefunden. Alles wurde sorgfältig vorbereitet und planmäßig ins Werk gesetzt. Am 9. November 1811 schrieb er an Marie:

«Meine liebste Marie, mitten in dem Triumphgesang, den meine Seele in diesem Augenblick des Todes anstimmt, muß ich noch einmal Deiner gedenken und mich Dir, so gut wie ich kann, offenbaren: Dir, der einzigen, an deren Gefühl und Meinung mir etwas gelegen ist; alles andere auf Erden, das Ganze und Einzelne, habe ich völlig in meinem Herzen überwunden. Ja, es ist wahr, ich habe Dich hintergangen, oder vielmehr ich habe mich selbst hintergangen; wie ich Dir aber tausendmal gesagt habe, daß ich dies nicht überleben würde, so gebe ich Dir jetzt, indem ich von Dir Abschied nehme, davon den Beweis. Ich habe Dich während Deiner Anwesenheit in Berlin gegen eine andere Freundin vertauscht; aber, wenn Dich das trösten kann, nicht gegen eine, die mit mir leben, sondern die im Gefühl, daß ich ihr ebensowenig treu sein würde wie Dir, mit mir sterben will. Mehr Dir zu sagen, läßt mein Ver-

Links: Henriette Vogel

hältnis zu dieser Frau nicht zu. Nur soviel wisse, daß meine Seele, durch die Berührung mit der ihrigen, zum Tode ganz reif geworden ist; daß ich die ganze Herrlichkeit des menschlichen Gemüts an dem ihrigen ermessen habe, und daß ich sterbe, weil mir auf Erden nichts mehr zu lernen und zu erwerben übrig bleibt. Lebe wohl! Du bist die allereinzige auf Erden, die ich jenseits wiederzusehen wünsche. Etwa Ulriken? — ja, nein, nein, ja: es soll von ihrem eignen Gefühl abhangen. Sie hat, dünkt mich, die Kunst nicht verstanden, sich aufzuopfern, ganz für das, was man liebt, in Grund und Boden zu gehn: das Seligste, was sich auf Erden erdenken läßt, ja, worin der Himmel bestehn muß, wenn es wahr ist, daß man darin vergnügt und glücklich ist. Adieu!»

Am folgenden Tag schrieb er noch einmal an sie:

«Deine Briefe haben mir das Herz zerspalten, meine teuerste Marie, und wenn es in meiner Macht gewesen wäre, so versichre ich Dich, ich würde den Entschluß zu sterben, den ich gefaßt habe, wieder aufgegeben haben. Aber ich schwöre Dir, es ist mir ganz unmöglich länger zu leben; meine Seele ist so wund, daß mir, ich möchte fast sagen, wenn ich die Nase aus dem Fenster stecke, das Tageslicht wehe tut, das mir darauf schimmert. Das wird mancher für Krankheit und überspannt halten; nicht aber Du, die fähig ist, die Welt auch aus andern Standpunkten zu betrachten als aus dem Deinigen. Dadurch, daß ich mit Schönheit und Sitte, seit meiner frühsten Jugend an, in meinen Gedanken und Schreibereien unaufhörlichen Umgang gepflogen, bin ich so empfindlich geworden, daß mich die kleinsten Angriffe, denen das Gefühl jedes Menschen nach dem Lauf der Dinge hienieden ausgesetzt ist, doppelt und dreifach schmerzen. So versichre ich Dich, wollte ich doch lieber zehnmal den Tod erleiden, als noch einmal wieder erleben, was ich das letztemal in Frankfurt an der Mittagstafel zwischen meinen beiden Schwestern, besonders als die alte Wackern dazukam, empfunden habe; laß es Dir nur einmal gelegentlich von Ulriken erzählen. Ich habe meine Geschwister immer, zum Teil wegen ihrer gutgearteten Persönlichkeiten, zum Teil wegen der Freundschaft, die sie für mich hatten, von Herzen liebgehabt; sowenig ich davon gesprochen habe, so gewiß ist es, daß es einer meiner herzlichsten und innigsten Wünsche war, ihnen einmal, durch meine Arbeiten und Werke, recht viel Freude und Ehre zu machen. Nun ist es zwar wahr, es war in den letzten Zeiten, von mancher Seite her, gefährlich, sich mit mir einzulassen, und ich klage sie desto weniger an, sich von mir zurückgezogen zu haben, je mehr ich die Not des Ganzen bedenke, die zum Teil auch auf ihren Schultern ruhte; aber der Gedanke, das Verdienst, das ich doch zuletzt, es sei nun groß oder klein, habe, gar nicht anerkannt zu sehen, und mich von ihnen als ein ganz nichtsnutziges Glied der menschlichen Gesellschaft, das keiner Teilnahme mehr wert sei, betrachtet zu sehn, ist mir überaus schmerzhaft, wahrhaftig, es raubt mir nicht nur die Freuden, die ich von der Zukunft hoffte, sondern es

*vergiftet mir auch die Vergangenheit. — Die Allianz, die der König
jetzt mit den Franzosen schließt, ist auch nicht eben gemacht, mich
im Leben festzuhalten. Mir waren die Gesichter der Menschen schon
jetzt, wenn ich ihnen begegnete, zuwider, nun würde mich gar, wenn
sie mir auf der Straße begegneten, eine körperliche Empfindung an-
wandeln, die ich hier nicht nennen mag. Es ist zwar wahr, es fehlte
mir sowohl als ihnen an Kraft, die Zeit wieder einzurücken; ich fühle aber zu wohl, daß der Wille, der in meiner Brust lebt, etwas anderes ist als der Wille derer, die diese witzige Bemerkung machen:
dergestalt, daß ich mit ihnen nichts mehr zu schaffen haben mag.
Was soll man doch, wenn der König diese Allianz schließt, länger
bei ihm machen? Die Zeit ist ja vor der Tür, wo man wegen der
Treue gegen ihn, der Aufopferung und Standhaftigkeit und aller
andern bürgerlichen Tugenden, von ihm selbst gerichtet, an den
Galgen kommen kann. — Rechne hinzu, daß ich eine Freundin gefunden habe, deren Seele wie ein junger Adler fliegt, wie ich noch
in meinem Leben nichts Ähnliches gefunden habe; die meine Trau-
rigkeit als eine höhere, festgewurzelte und unheilbare begreift, und
deshalb, obschon sie Mittel genug in Händen hätte, mich hier zu
beglücken, mit mir sterben will; die mir die unerhörte Lust gewährt,
sich, um dieses Zweckes willen, so leicht aus einer ganz wunschlosen
Lage, wie ein Veilchen aus einer Wiese, herausheben zu lassen; die
einen Vater, der sie anbetet, einen Mann, der großmütig genug war,
sie mir abtreten zu wollen, ein Kind, so schön und schöner als die
Morgensonne, nur meinetwillen verläßt: und Du wirst begreifen,
daß meine ganze jauchzende Sorge nur sein kann, einen Abgrund
tief genug zu finden, um mit ihr hinabzustürzen. — Adieu noch einmal! —»*

Am 20. November fuhren sie in ein Gasthaus am Wannsee, spei-
sten, wie berichtet wird, «sehr vergnügt» zusammen, tranken Kaffee, schrieben darauf in ihren Zimmern Briefe und gingen anschlie-
ßend zur Ruhe. Am nächsten Tage bezahlten sie ihre Rechnung bei
dem Wirt, erbaten einen Boten für ihre Briefe nach Berlin, aßen
abermals und tranken Kaffee, und gingen dann zusammen am See-
ufer ungefähr 50 Schritte weit fort. Man hörte zwei Schüsse, und
die hinzueilende Wärterin fand beide am Boden. Kleist hatte Henriette Vogel durch die linke Brust ins Herz geschossen, dann sich
selbst durch den Mund in den Kopf. Beide waren gleich tot.
Kleist war vierunddreißig Jahre alt, Henriette einunddreißig. Beide
wurden an der Stelle des Mords und Selbstmords in ein Grab gelegt [1]. Kleist hatte in der Berliner Wohnung der Vogel Papiere

---

[1] Die Angaben zu Kleists Tod sind aktenmäßig belegt. Die Publizierung
dieser Akten bei Georg Minde-Pouet, Kleists letzte Stunden. Berlin 1925
(vgl. Bibliographie).

*Angebliches Kleist-Bild (Gemälde, 1811 entstanden,
vermutlich von Michael Walbner; 1938 aufgefunden)*

verbrannt, Briefe und Manuskripte, darunter vielleicht seinen zwei-
bändigen *Roman*.

Der Tod der beiden erregte in Berlin, das keine Großstadt im
heutigen Sinne war, ein gewisses Aufsehen. In den Kreisen von
Kleists Freunden und Bekannten war man über den Zeitpunkt der
Katastrophe betroffen; man hatte immer schon gefürchtet, er werde
seine Todesdrohung wahrmachen, nicht aber jetzt und in Begleitung
der Henriette Vogel. Über Frau Vogels Charakter kann man sich
kein klares Urteil bilden; die einen schildern sie als genialisch begabt, edel, schwärmerisch, die andern sprechen von einer Hysterika,
die mit mehreren Männern zu tun gehabt habe. Für Kleist war sie
die zufällige, und eben darum willkommene, schicksalhafte Part-
nerin einer Tat, die etwas Elendes, Trauriges hat und die eigentümliche Reinheit seines Wesens trüben würde, wenn nicht die wahnwitzige Überspannung, deren er fähig war, in diese Rechnung ein-
gesetzt werden müßte. Tiefer Sehende wie Brentano erkannten, daß
die Todesart für Kleist zufällig war; daß er tatsächlich an sich selbst,
an unerfülltem Ehrgeiz, verfehlter Bestimmung und Verzweiflung
an seinen Fähigkeiten starb. Der fromme Christ Fouqué versicherte,
er werde für Kleist beten. Arnim tadelte den Eigensinn Kleists, daß
er sich keiner Richtung angeschlossen und auf die Urteile seiner Freunde nichts gegeben habe. Sehr verständig klingt Varnhagens Äuße-

Kleists Grabstein am Wannsee bei Berlin.

Kleists Abschiedsbrief an seine Stiefschwester Ulrike

rung[1]: «Nach allem, was mir Pfuel, was mir Brentano von seinen Eigenheiten und seinen letzten Schicksalen erzählt haben, bedarf ich eben keiner Erklärung; die Wege sind mir nicht fremd, deren Ziel

---

[1] Diese Zeugnisse nach Biedermann, Kleists Gespräche. Leipzig 1912.

so aussieht ... Aber wie sehr am äußersten Rande muß der Arme noch gelitten haben, als er mit sich auch sein Talent, das er vergötterte, zu vernichten sich entschließen konnte.» Adam Müller schließlich meinte, Kleists Herz sei gebrochen, seine Kraft gelähmt gewesen, ehe er einen Entschluß faßte, den er «nicht ohne Widerstreben seiner besseren Natur ausführte».

Kleist hatte seine bürgerlichen Angelegenheiten geregelt, ein Bekannter wurde gebeten, den Barbier von bereitgelegtem Gelde zu bezahlen, was er selbst vergessen hatte. Kleists Hauswirt erhielt ein Andenken. Den letzten Brief aber schrieb er an Ulrike, eigentlich nur eine Notiz, und hier hat er mit der ihm eigenen Hellsicht gesagt, daß ihm auf Erden nicht mehr zu helfen gewesen sei:

«Ich kann nicht sterben, ohne mich, zufrieden und heiter, wie ich bin, mit der ganzen Welt, und somit auch, vor allen andern, meine teuerste Ulrike, mit Dir versöhnt zu haben. Laß sie mich, die strenge Äußerung, die in dem Briefe an die Kleisten enthalten ist, laß sie mich zurücknehmen; wirklich, Du hast an mir getan, ich sage nicht, was in Kräften einer Schwester, sondern in Kräften eines Menschen stand, um mich zu retten: die Wahrheit ist, daß mir auf Erden nicht zu helfen war. Und nun lebe wohl; möge Dir der Himmel einen Tod schenken, nur halb an Freude und unaussprechlicher Heiterkeit dem meinigen gleich: das ist der herzlichste und innigste Wunsch, den ich für Dich aufzubringen weiß.

Dein
Heinrich

Stimmings bei Potsdam
d. — am Morgen meines Todes.

HEINRICH von KLEIST

GEBOREN 10 OCTOBER 1777
GESTORBEN 21 NOVEMBER 1811

NUN
O UNSTERBLICHKEIT
BIST DU GANZ MEIN

ZEITTAFEL

1777	18. Oktober. Bernd Wilhelm Heinrich von Kleist als Sohn des Kapitäns Joachim Friedrich von Kleist und seiner zweiten Frau Juliane Ulrike geb. von Pannwitz in Frankfurt a. d. O. geboren. Von den zwei Halb- und fünf Vollgeschwistern war Ulrike (1774—1849) seine Lieblingsschwester.
1788	18. Juni. Tod des Vaters. Kleist wird zur Erziehung zu dem Prediger S. H. Catel nach Berlin gegeben.
1792	1. Juni. Eintritt in das Garderegiment Potsdam als Gefreiter-Korporal.
1793—1795	Teilnahme am Rheinfeldzug.
1793	3. Februar. Tod der Mutter. Urlaub Kleists. Der erste erhaltene Brief an die Tante mit der Schilderung seiner Rückreise nach Frankfurt a. M.
1797	7. März. Beförderung zum Leutnant. Harzreise mit Rühle von Lilienstern. Mathematische und naturwissenschaftliche Studien. Freundschaft mit den Geschwistern Peter und Marie von Gualtieri (Marie von Kleist) und Adolphine von Werdeck.
1799	März. Kleist nimmt seinen Abschied. 3 Semester Studium (Kameralia und Jus) an der Heimatuniversität in Frankfurt a. d. O. Freundschaft und Verlobung mit Wilhelmine von Zenge.
1800	Mitte August. Rückkehr nach Berlin. Ende August — Oktober. Würzburger Reise in Begleitung des Freundes Brockes. Entwurf der *Familie Ghonorez*. Plan einer Amazonendichtung *(Penthesilea)*. Rousseau- und Kant-Lektüre. 1. November. Anstellung als Volontär im preußischen Wirtschaftsministerium in Berlin.
1801	März. Kantkrise (Briefe vom 22. und 23. März). Miniaturbild Kleists an Wilhelmine geschickt. April. Reise mit Ulrike über Dresden, Halberstadt (Besuch bei Gleim), Göttingen, Mainz, Straßburg nach Paris. Juli — November. Aufenthalt in Paris. Arbeit am *Robert Guiskard*. Erste Fassung der *Verlobung in St. Domingo*. November. Rückreise nach Frankfurt a. M., Weiterreise, allein, in die Schweiz (Bern, Thun). Umgang mit Heinrich Zschokke, Ludwig Wieland, Heinrich Geßner.
1802	Seit Februar. Kleist wohnt auf einer Aarinsel bei Thun. Arbeit am *Zerbrochnen Krug* und an *Robert Guiskard*. Fertigstellung der *Familie Schroffenstein*. Neue Pläne *(Amphitryon, Leopold von Österreich, Peter der Einsiedler)*. Juli — August. Krank in Bern. Oktober. Mit Ulrike und Ludwig Wieland nach Weimar. Arbeit am *Robert Guiskard*.
1803	Januar — Anfang März. Bei Wieland in Oßmannstedt. Luise Wielands Liebe. Februar. *Familie Schroffenstein* erschienen (Bern und Zürich, anonym). Mitte März. Abreise nach Leipzig, Dresden. Umgang mit Henriette von Schlieben. Selbstmordpläne.

Juli — September. Fußreise mit Pfuel nach Bern, Mailand, Genf, Paris.

Oktober. Vernichtung des *Guiskard*-Manuskripts in Paris. Allein nach Boulogne-sur-Mer. Körperlicher und seelischer Zusammenbruch. Rückkehr nach Deutschland.

1804 In Mainz. Pflege durch Dr. Wedekind.

Mitte Juni. Rückkehr nach Berlin.

22. Juni. Audienz bei dem Adjutanten von Köckeritz im Charlottenburger Schloß.

Herbst. Wiedereintritt in den preußischen Staatsdienst.

1805 Anfang Mai. Als Diätar der Domänenkammer nach Königsberg. Arbeit am *Michael Kohlhaas, Amphitryon*, an der *Marquise von O.* und *Penthesilea.*

1806 August. Kleist nimmt Urlaub. Endgültige Aufgabe der Beamtenlaufbahn.

Oktober. Militärischer Zusammenbruch Preußens.

1807 Januar. Versuch, nach Berlin zurückzukehren.

Februar — Juli. Kleist in französischer Gefangenschaft. In Joux und Châlons-sur-Marne.

Frühjahr. *Amphitryon* erschienen (hg. von Adam Müller in Dresden).

August. Rückkehr nach Deutschland. Kleist nimmt Aufenthalt in Dresden. Verkehr mit Chr. G. Körner, Adam Müller, Sophie von Haza, Baron von Buol, Ludwig Tieck, Varnhagen.

Vollendung der *Penthesilea* und des *Käthchens von Heilbronn.*

1808 Januar — Dezember. Kleist gibt mit Adam Müller die Monatsschrift *Phöbus* heraus (darin Teilabdrucke aus Kleistischen Werken: *Penthesilea, Der zerbrochne Krug, Michael Kohlhaas, Robert Guiskard*-Fragment u. a. m.).

2. März. Aufführung des *Zerbrochnen Krugs* durch Goethe in Weimar.

Herbstmesse. *Penthesilea* erschienen (Tübingen, bei Cotta). Entstehung der *Hermannsschlacht.*

1809 Ende April. Reise mit Dahlmann nach Österreich.

25. Mai. Besichtigung des Schlachtfeldes von Aspern.

Juni — Oktober. Aufenthalt in Prag. Plan einer Zeitschrift *Germania.* Politische Lyrik, Katechismus der Deutschen. Kleist erkrankt.

Jahresende. Wieder in Frankfurt a. d. O.

1810 29. Januar. Rückkehr nach Berlin. Verkehr mit Adam Müller, Achim von Arnim, Clemens Brentano, Bernhard Anselm Weber, Fouqué, Rahel, Varnhagen.

Herbstmesse. Erzählungen 1. Bd. erschienen (Berlin, bei Reimer; Inhalt: *Michael Kohlhaas, Marquise von O., Das Erdbeben in Chili*), gleichzeitig *Käthchen von Heilbronn* (ebenfalls bei Reimer).

1. Oktober. Die *Berliner Abendblätter* beginnen zu erscheinen.

1811 30. März. Die letzte Nummer der *Berliner Abendblätter.* Streit mit Hardenberg um eine Pension.

Frühjahrsmesse. *Der zerbrochne Krug* erschienen, ferner Erzählungen 2. Bd. (Inhalt: *Verlobung in St. Domingo,*

Das Bettelweib von Locarno, Der Findling, Die heilige Cäcilie, Der Zweikampf).

Sommer und Herbst. Umgang mit Marie von Kleist, Gneisenau, Henriette Vogel.

21. November. Selbstmord am Wannsee bei Berlin.

1821   *Hinterlassene Schriften*, herausgegeben von Ludwig Tieck, erschienen (darin Erstdrucke der *Hermannsschlacht* und des *Prinzen von Homburg*).

ZEUGNISSE

Johann Wolfgang von Goethe

Ich habe ein Recht, Kleist zu tadeln, weil ich ihn geliebt und gehoben habe; aber sei es nun, daß seine Ausbildung, wie es jetzt bei vielen der Fall, durch die Zeit gestört wurde, oder was sonst für eine Ursache zum Grunde liege; genug, er hält nicht, was er zugesagt. Sein Hypochonder ist zu arg; er richtet ihn als Menschen und Dichter zugrunde.

Gespräch mit Falk, 1809

Clemens Brentano

Gestern erhielt ich von Savigny die Nachricht, daß Heinrich von Kleist sich vor vierzehn Tagen . . . erschossen. Diese Nachricht hat mich wenigstens wie ein Pistolenschuß erschreckt. Der arme gute Kerl, seine poetische Decke war ihm zu kurz, und er hat sein Leben lang ernsthafter als irgend ein neuer Dichter daran gereckt und gespannt. Er ist allein so weit gekommen, weil er keinen recht herzlichen Menschen gekannt und geliebt, und grenzenlos eitel war.

An Achim von Arnim, 10. Dezember 1811

Friedrich Hebbel

Die Lektüre der Heinrich von Kleistschen Erzählungen hat mich erfrischt und wahrhaft gefördert. So geht es mir mit allen echten Werken des Genies, sie sind unerschöpflich. Kleist ist, soweit man ein Muster haben kann, mein Muster; in einer einzigen Situation bei ihm drängt sich mehr Leben als in drei Teilen unserer modernen Romanlieferanten. Er zeichnet immer das *Innere* und das *Äußere* zugleich, eins durch das andere, und dies ist allein das Rechte . . .

An Elise Lensing, 17. Mai 1837

Theodor Fontane

Auch die festen Enthusiasten, die seit einer Reihe von Jahren beflissen gewesen sind, die alte Kleist-National-Schuld redlich abzuzahlen, haben meines Wissens keinen Versuch gemacht, die Einleitungsszenen oder die unmittelbare Wirkung, die sie hervorbringen, zu feiern oder zu rechtfertigen. Allein es bedurfte eines solchen Versuches auch nicht. Das Stück selbst übernimmt es, alles wieder in Balance zu bringen. Es äußert eine von Akt zu Akt sich steigernde, rückwirkende Kraft, die so groß, so erobernd ist, daß wir des letzten Restes von Mißmut, den die romantische und scheinbar willkürliche Exposition in uns geweckt hatte, nicht nur quitt werden, sondern uns auch schließlich zu dem halb widerwillig, halb freudig gegebenen Geständnis bequemen: wenn wir das Stück in seiner Schönheit und Macht überhaupt wollen, so müssen wir auch das wollen, was uns an ihm verdroß. Ein Triumph der Kunst, der sich in allen Kleistschen Arbeiten ausspricht, in diesem *Prinzen von Homburg* aber vielleicht am meisten.

Theaterrezension 1876

FRANZ KAFKA

In der Toynbeehalle den Anfang von *Michael Kohlhaas* gelesen.
Ganz und gar mißlungen. Schlecht ausgewählt, schlecht vorgetragen,
schließlich sinnlos im Text herumgeschwommen . . . Und am Nach-
mittag zitterte ich schon vor Begierde zu lesen, konnte kaum den
Mund geschlossen halten.   *Tagebücher, 11. Dezember 1913*

RAINER MARIA RILKE

Der Kleist war schön, sag ich Ihnen . . . da ist unsereiner nichts dagegen, so ein Piepvogel, — jetzt haben Sie sich den Geschmack verdorben für seine Herbheit durch einen gewissen Dichter, den Sie
übertragen, aber einmal müssen Sie, ganz neu und nüchtern, über
den *Prinzen von Homburg* kommen, über das *Guiskard*-Fragment . . .
Wunderschön ist das alles und so blind und rein gekonnt, so aus den
Tiefen einer harten Natur herausgebrochen . . . wenn einem nur ein-
fällt, daß Fouqué sein Zeitgenosse war, samt Frau von Fouqué, . . . so
geht's einem erst über den Kopf hinaus auf, was das bedeutet, um die
Wende 1800 herum so ein Kerl zu sein.
      An Fürstin Marie von Thurn und Taxis-Hohenlohe, 27. 12. 1913

THOMAS MANN

So habe ich dies Stück geliebt, vergessen und es gepriesen, während
ich es vergessen hatte, weil keine Zeit und Gelegenheit war, es wiederzusehen, zu lesen. Nun hat ein Gedenkfest mich angehalten, mir
Zeit und Gelegenheit zu nehmen; ich las es wieder — und das Gesetz-
mäßige in dem Verhältnis meiner Natur zu diesem Gegenstande hat
sich bewährt; ich bin entzückt, ich glühe. Das ist das witzig-anmut-
vollste, das geistreichste, das tiefste und schönste Theaterspielwerk
der Welt. Ich wußte, daß ich es liebe — gottlob! ich weiß nun wieder,
warum.   *Amphitryon. Eine Wiedereroberung. 1926*

KONRAD WEISS

Dieser Dichter sendet nicht Ideen an die Gottheit, sondern nur einen
einzigen Boten, nämlich sich selber. Kleist ist viel mehr als eine Idee,
die sich überall vertreten läßt, weil er gleichsam weniger oder weil
er bestimmter ist. Er ist der große Dichtergeist im Mittelsinn des
deutschen Wesens . . . Seine Ideen, seine innersten Gefühle sind in
gewissem Maße seine Frauengestalten. So wie diese vertrauen, wie
sie Glanz geben und empfangen, wie sie ohnmächtig und doch als
innerste Mächte in Gleichnis und Geschichte stehen, ja wie sie mit
Penthesilea zwischen Natur und Geschichte das innerste Band der
Liebe nur im Kampfe oder auch wie in einer Erblindung erkennen, so
ist alles bei Kleist Weltanschauung, aber nicht Weltanschauung als
Idee, sondern als Geschichte und Wirklichkeit, oder als die reinste
Vertrauensfrage zum Dasein.   *Deutschlands Morgenspiegel. 1938*

Vom Geld ist die Rede, von wem noch?

Um Geld habe ich mich nie gekümmert . . .

... darum besitze ich auch nichts. Das sagte er, von dem die Rede ist, zu einem seiner Vertrauten am 12. April 1814, wenige Stunden bevor er versuchte, sich das Leben zu nehmen. Aber schon drei Tage später vertraute er demselben Manne an, er hinterlasse dereinst Wertpapiere und Bons im Werte von mindestens 200 Millionen, als Frucht seiner persönlichen Ersparnisse. Um diese zweihundert Millionen zu sparen, hatte er nicht viel mehr als zehn Jahre Zeit gehabt. So möchte man fast glauben, was ein Zeitgenosse, ein Botschafter, von ihm sagte: Dieser Bursche verstehe es, aus allem seinen Vorteil zu ziehen.

Er, von dem die Rede ist, wurde geboren als zweites Kind mittelloser Eltern, im selben Jahr, als die Dubarry die Mätresse des fünfzehnten Ludwigs wurde. Als er 24 Jahre alt war, wurde aus Protest gegen ihn sein Elternhaus geplündert und verwüstet. Achteinhalb Jahre später, auf dem ersten Höhepunkt seines Lebens, wurde ein Attentat auf ihn verübt, wobei 22 Personen ums Leben kamen und 56 verletzt wurden. Er aber und seine Frau, die Witwe eines Hingerichteten, kamen mit dem Schrecken davon.

Noch mehrmals trachtete man ihm nach dem Leben, aber er starb schließlich doch eines – wenn auch umstrittenen – natürlichen Todes auf einer Insel im Südatlantik. Von wem war die Rede?

(Alphabetische Lösung: 14–1–16–15–12–5–15–14)

BIBLIOGRAPHIE

Die Bibliographie ist als erste Orientierung und Einführung gedacht. Sie soll dem Leser einen Ausgangspunkt bieten, die weitverzweigte Kleist-Forschung kennenzulernen.

1. Bibliographien und Berichte

MINDE-POUET, GEORG: Kleist-Bibliographie 1914—1937. In: Jahrbuch der Kleist-Gesellschaft 1921, S. 89—169; 1922, S. 112—163; 1923/24, S. 181—230; 1929/30, S. 60—193; 1933/37, S. 186—263

KLUCKHOHN, PAUL: Kleist-Forschung 1926—1943. In: Deutsche Vierteljahrsschrift für Literaturwissenschaft und Geistesgeschichte 21 (1943), Referatenheft, S. 45—87

SEMBDNER, HELMUT: Kleist-Bibliographie 1803—1862. Heinrich von Kleists Schriften in frühen Drucken und Erstveröffentlichungen. Stuttgart 1967

ROTHE, EVA: Kleist-Bibliographie 1945—1960

2. Werkausgaben

Werke. Im Verein mit GEORG MINDE-POUET und REINHOLD STEIG hg. von ERICH SCHMIDT. Kritisch durchgesehene und erläuterte Gesamtausgabe. 5 Bde. Leipzig 1904/05. — 2. Aufl. 7 Bde. Leipzig 1936—1938
[Maßgebend ist die 2. Auflage. Der abschließende 8. Band mit Lesarten und Apparat ist nicht erschienen, da der Herausgeber Georg Minde-Pouet gestorben ist. Für die Fortsetzung der Ausgabe fehlen heute die materiellen Voraussetzungen. Minde-Pouet hatte gehofft, durch Forschungen in den preußischen Adelsarchiven die vielen Lücken der Kleist-Biographie schließen zu können. Inzwischen dürfte ein großer Teil des Materials infolge der politischen Umwälzungen und der Vertreibung des Adels von seinen Sitzen zerstreut und für immer verloren sein.]

Sämtliche Werke und Briefe. Hg. von HELMUT SEMBDNER. 2 Dünndruckbde. München 1954 — Neuausg. u. d. T.: Sämtliche Werke und Briefe. Zweite, vermehrte und auf Grund der Erstdrucke und Handschriften völlig revidierte Aufl. München 1961
[Die Ausgabe beruht auf der historisch-kritischen von Minde-Pouet, verwertet neue Forschungsergebnisse, hat Register und Zeittafel, aber keinen wissenschaftlichen Apparat. Ihre Rechtschreibung und Zeichensetzung sind dem modernen Gebrauch angeschlossen. — Nach dieser Ausgabe wurde im vorliegenden Buch zitiert.]

Sämtliche Werke. Hg. von WILHELM HERZOG. 6 Bde. Leipzig 1908—1911
[Die im Insel-Verlag erschienene, noch immer nicht überholte Gesamtausgabe. Enthält auch den vollen Text der Familie Ghonorez.]

Sämtliche Werke. Hg. von FRIEDRICH MICHAEL. Leipzig 1927

Sämtliche Werke in einem Band. Hg. von ERWIN LAATHS. München 1954

Gesammelte Werke in vier Bänden. Hg. von HEINRICH DEITERS. Textausgabe mit Einleitung des Herausgebers und Namenregister. Berlin 1955

Sämtliche Werke in einem Band. Nach dem Text der Ausgaben letzter Hand. Mit Nachw. und Anm. von CURT GRÜTZMACHER. München 1967

3. Faksimiledrucke

Der zerbrochene Krug. Eine Nachbildung der Handschrift. Hg. von PAUL HOFFMANN. Weimar 1941

Germania an ihre Kinder. Faksimiledruck des ersten Druckes von 1813. Mit einem Vorwort hg. von GEORG MINDE-POUET. Leipzig 1927

Phöbus, ein Journal für die Kunst, herausgegeben von Heinrich von Kleist und Adam H. Müller. Faksimile-Neudruck. Hg. von FRITZ STRICH. München 1924 — Neuausg.: Stuttgart 1961

Berliner Abendblätter. Mit einem Nachwort hg. von GEORG MINDE-POUET. Leipzig 1925 (Faksimiledrucke literarischer Seltenheiten. 2) — Neuausg.: Berliner Abendblätter. Hg. von Heinrich von Kleist. Mit Nachwort und Quellenregister hg. von HELMUT SEMBDNER. Stuttgart 1959

Penthesilea. Deutsche Früh- und Erstdrucke im Faksimile. Mit Erläuterungsband. Frankfurt a. M. 1967

4. Lebenszeugnisse

Briefe. Hg. und eingel. von FRIEDRICH MICHAEL. Leipzig 1925

BIEDERMANN, FLODOARD FRH. VON: Kleists Gespräche. Leipzig 1912

SEMBDNER, HELMUT: Kleists Lebensspuren. Bremen 1957 (Sammlung Dieterich. 172) — 2. durchges. und ergänzte Aufl. 1964
[Unentbehrliche Sammlung von zeitgenössischen Berichten und Erinnerungen.]

SCHÜTZ, WILHELM VON: Biographische Notizen über Heinrich von Kleist. In Faksimile-Nachbildung mit einem Geleitwort hg. von GEORG MINDE-POUET. Berlin 1936 (Schriften der Kleist-Gesellschaft. 16)

ELOESSER, ARTHUR: Neue Kleist-Miniaturen. In: Jahrbuch der Kleist-Gesellschaft 1923/24, S. 142—145 mit Abb.

MEYER, HELLMUT: Ein neues Bild von Heinrich von Kleist. In: Jahrbuch der Kleist-Gesellschaft 1938, S. 62—70
[Es handelt sich um das auf Seite 151 wiedergegebene Porträt, das aus Kleists letztem Lebensjahr stammen soll.]

5. Gesamtdarstellungen

BRAHM, OTTO: Heinrich von Kleist. Berlin 1884

RAHMER, SIGISMUND: Heinrich von Kleist als Mensch und Dichter. Nach neuen Quellenforschungen. Berlin 1909

MEYER-BENFEY, HEINRICH: Kleists Leben und Werke. Göttingen 1911

HERZOG, WILHELM: Heinrich von Kleist. Sein Leben und sein Werk. München 1911

GUNDOLF, FRIEDRICH: Heinrich von Kleist. Berlin 1922

Witkop, Philipp: Heinrich von Kleist. Leipzig 1922
Muschg, Walter: Kleist. Zürich 1923
Braig, Friedrich: Heinrich von Kleist. München 1925
Bertram, Ernst: Heinrich von Kleist. Eine Rede. Bonn 1925
Ayrault, Roger: Heinrich von Kleist. Paris 1934
Heiseler, Bernt von: Heinrich von Kleist. Stuttgart 1939 (Die Dichter der Deutschen. 3)
Kommerell, Max: Die Sprache und das Unaussprechliche. Eine Betrachtung über Heinrich von Kleist. In: Kommerell, Geist und Buchstabe der Dichtung. Frankfurt a. M. 1940. S. 243—317
Uyttersprot, H.: Heinrich von Kleist. De mensch en het werk. Brugge 1948
Wolff, Hans M.: Heinrich von Kleist. Die Geschichte seines Schaffens. Bern 1954
Maass, Joachim: Kleist, die Fackel Preußens. Eine Lebensgeschichte. Wien, München, Basel 1957
Michaelis, Rolf: Heinrich von Kleist. Velber 1965 (Friedrichs Dramatiker des Welttheaters. 5)

6. Untersuchungen

Hoffmann, Paul: Kleist in Paris. Berlin 1924
Haupt, Gunther: Heinrich von Kleist in Berlin. Berlin 1963
Kleist und die Gesellschaft. Eine Diskussion. [Mit Beiträgen von Eckehard Catholy, Karl Otto Conrady, Heinz Ide, Walter Müller-Seidel.] Berlin 1965 (Jahresgabe der Heinrich-von-Kleist-Gesellschaft 1964)
Sembdner, Helmut: Die Berliner Abendblätter Heinrich von Kleists, ihre Quellen und ihre Redaktion. Berlin 1939 (Schriften der Kleist-Gesellschaft. 19)
Minde-Pouet, Georg: Kleists letzte Stunden. Tl. 1: Das Akten-Material. Berlin 1925 (Schriften der Kleist-Gesellschaft. 5)
Fricke, Gerhard: Gefühl und Schicksal bei Heinrich von Kleist. Berlin 1929 (Neue Forschungen. 3)
Reusner, Ernst von: Satz, Gestalt, Schicksal. Untersuchungen über die Struktur in der Dichtung Kleists. Berlin 1961 (Quellen und Forschungen zur Sprach- und Kulturgeschichte der germanischen Völker. NF. 6)
Holz, Hans Heinz: Macht und Ohnmacht der Sprache. Untersuchungen zum Sprachverständnis und Stil Heinrich von Kleists. Frankfurt a. M., Bonn 1962
Lugowski, Clemens: Wirklichkeit und Dichtung. Untersuchungen zur Wirklichkeitsauffassung Heinrich von Kleists. Leipzig 1936
Dürst, Rolf: Heinrich von Kleist, Dichter zwischen Ursprung und Endzeit. Kleists Werk im Licht idealistischer Eschatologie. Bern, München 1965
Silz, Walter: Heinrich von Kleist's conception of the tragic. Göttingen, Baltimore 1923 (Hesperia. 12)
Stahl, Ernst Leopold: Heinrich von Kleist's dramas. Oxford 1948 (Modern language studies)
Wiese, Benno von: Die deutsche Tragödie von Lessing bis Hebbel. Bd. 2. Hamburg 1948. S. 1—102

KOHRS, INGRID: Das Wesen des Tragischen im Drama Heinrich von Kleists. Marburg 1951 (Probleme der Dichtung. 1)

LUKÁCS, GEORG: Die Tragödie Heinrich von Kleists. In: Lukács, Deutsche Realisten des 19. Jahrhunderts. Bern 1951

KUONI, CLARA: Wirklichkeit und Idee in Heinrich von Kleists Frauenerleben. Frauenfeld, Leipzig 1937 (Wege zur Dichtung. 29)

HOHOFF, CURT: Komik und Humor bei Heinrich von Kleist. Berlin 1937 (Germanische Studien. 184)

MARTINI, FRITZ: Heinrich von Kleist und die geschichtliche Welt. Berlin 1940 (Germanische Studien. 225)

XYLANDER, OSKAR RITTER VON: Heinrich von Kleist und J. J. Rousseau. Berlin 1937 (Germanische Studien. 193)

CASSIRER, ERNST: Heinrich von Kleist und die Kantische Philosophie. Berlin 1919 (Philosophische Vorträge. 22)

MUTH, LUDWIG: Kleist und Kant. Versuch einer neuen Interpretation. Köln 1954 (Kantstudien. 68)

CORSSEN, META: Kleist und Shakespeare. Weimar 1930 (Forschungen zur neueren Literaturgeschichte. 61)

Die Quellen zu Heinrich von Kleists Michael Kohlhaas. Hg. von RUDOLF SCHLÖSSER. Berlin 1913 (Kleine Texte für Vorlesungen und Übungen. 116)

TURK, HORST: Dramensprache als gesprochene Sprache. Untersuchungen zu Kleists «Penthesilea». Bonn 1965 (Abhandlungen zur Kunst-, Musik- und Literaturwissenschaft. 31)

Kleists Aufsatz über das Marionettentheater. Studien und Interpretationen. Hg. von HELMUT SEMBDNER. Berlin, Bielefeld, München 1967 (Jahresgabe der Heinrich-von-Kleist-Gesellschaft 1965/66)

Heinrich von Kleists Nachruhm. Eine Wirkungsgeschichte in Dokumenten. Hg. von HELMUT SEMBDNER. Bremen 1967 (Sammlung Dieterich. 318)

STEIG, REINHOLD: Neue Kunde zu Heinrich von Kleist. Berlin 1967

KREUTZER, HANS JOACHIM: Die dichterische Entwicklung Heinrichs von Kleist. Untersuchungen zu seinen Briefen und zu Chronologie und Aufbau seiner Werke. Berlin—Bielefeld—München 1967 (Philologische Studien und Quellen. 41)

FISCHER, ERNST: Heinrich von Kleist. In: Fischer, Auf den Spuren der Wirklichkeit. Reinbek 1968. S. 70–155 (RP. 62)

NAMENREGISTER

Die kursiv gesetzten Zahlen bezeichnen die Abbildungen,
die hochgestellten Ziffern verweisen auf die Fußnoten

QUELLENNACHWEIS DER ABBILDUNGEN

Ullstein-Bilderdienst: 8, 9, 15, 17, 18, 21, 23, 27, 35, 37, 47, 49, 60, 61, 67, 73, 80, 91, 92, 97, 103, 112, 113, 120, 121, 122, 126, 132, 148, 152, 153
Historisches Bildarchiv: 25, 33, 40, 55, 56, 84, 101, 112, 128, 129
Historia-Photo: 11, 46, 50 und Umschlag-Rückseite, 106, 113, 117 und Umschlag-Vorderseite, 124
Dr. Walter Boje: 75, 141
Kunsthalle Bremen: 95
Dr. J. Wilke: 12
Hellmut Meyer: 151

rowohlts monographien

BEDEUTENDE PERSÖNLICHKEITEN
DARGESTELLT IN SELBSTZEUGNISSEN UND BILDDOKUMENTEN
HERAUSGEGEBEN VON KURT KUSENBERG

MARX / Werner Blumenberg [76]
NIETZSCHE / Ivo Frenzel [115]
PASCAL / Albert Béguin [26]
PLATON / Gottfried Martin [150]
ROUSSEAU / Georg Holmsten [191]
SCHLEIERMACHER / Friedrich Wilhelm Kantzenbach [126]
SCHOPENHAUER / Walter Abendroth [133]
SOKRATES / Gottfried Martin [128]
SPINOZA / Theun de Vries [171]
RUDOLF STEINER / J. Hemleben [79]
VOLTAIRE / Georg Holmsten [173]
SIMONE WEIL / A. Krogmann [166]

RELIGION

SRI AUROBINDO / Otto Wolff [121]
KARL BARTH / Karl Kupisch [174]
JAKOB BÖHME / Gerhard Wehr [179]
MARTIN BUBER / Gerhard Wehr [147]
BUDDHA / Maurice Percheron [12]
EVANGELIST JOHANNES / Johannes Hemleben [194]
FRANZ VON ASSISI / Ivan Gobry [16]
JESUS / David Flusser [140]
LUTHER / Hanns Lilje [98]
THOMAS MÜNTZER / Gerhard Wehr [188]
PAULUS / Claude Tresmontant [23]
TEILHARD DE CHARDIN / Johannes Hemleben [116]

GESCHICHTE

AUGUST BEBEL / Helmut Hirsch [196]
BISMARCK / Wilhelm Mommsen [122]
CAESAR / Hans Oppermann [135]
CHURCHILL / Sebastian Haffner [129]
FRIEDRICH II. / Georg Holmsten [159]
GUTENBERG / Helmut Presser [134]
HO TSCHI MINH / Reinhold Neumann-Hoditz [182]
WILHELM VON HUMBOLDT / Peter Berglar [161]
KARL DER GROSSE / Wolfgang Braunfels [187]
LENIN / Hermann Weber [168]
ROSA LUXEMBURG / Helmut Hirsch [158]
MAO TSE-TUNG / Tilemann Grimm [141]

NAPOLEON / André Maurois [112]
RATHENAU / Harry Wilde [180]
KURT SCHUMACHER / H. G. Ritzel [184]
LEO TROTZKI / Harry Wilde [157]

PÄDAGOGIK

PESTALOZZI / Max Liedtke [138]

NATURWISSENSCHAFT

DARWIN / Johannes Hemleben [137]
EINSTEIN / Johannes Wickert [162]
GALILEI / Johannes Hemleben [156]
ALEXANDER VON HUMBOLDT / Adolf Meyer-Abich [131]
KEPLER / Johannes Hemleben [183]

MEDIZIN

ALFRED ADLER / Josef Rattner [189]
FREUD / Octave Mannoni [178]
C. G. JUNG / Gerhard Wehr [152]
PARACELSUS / Ernst Kaiser [149]

KUNST

DÜRER / Franz Winzinger [177]
MAX ERNST / Lothar Fischer [151]
KLEE / Carola Giedion-Welcker [52]
LEONARDO DA VINCI / Kenneth Clark [153]

MUSIK

BACH / Luc-André Marcel [83]
BEETHOVEN / F. Zobeley [103]
JOHANNES BRAHMS / Hans A. Neunzig [197]
ANTON BRUCKNER / Karl Grebe [190]
CHOPIN / Camille Bourniquel [25]
HÄNDEL / Richard Friedenthal [36]
FRANZ LISZT / Everett Helm [185]
MAHLER / Wolfgang Schreiber [181]
MOZART / Aloys Greither [77]
OFFENBACH / Walter Jacob [155]
SCHUMANN / André Boucourechliev [6]
RICHARD STRAUSS / Walter Deppisch [146]
TELEMANN / Karl Grebe [170]
VERDI / Hans Kühner [64]
WAGNER / Hans Mayer [29]

Klassiker

der Literatur und der Wissenschaft
mit Biographie · Bibliographie · Essays

Herausgegeben von Prof. Ernesto Grassi
unter Mitarbeit von Walter Hess

Verzeichnis aller lieferbaren Werke:

WACKENRODER, WILHELM HEINRICH Sämtliche Schriften. Hg.: Karl Otto Conrady [506]

WIELAND, CHRISTOPH MARTIN Aufsätze zu Literatur und Politik. Hg.: Dieter Lohmeier [535]

Französische Literatur

FRANCE, ANATOLE Die rote Lilie [153]

LAFAYETTE, MADAME DE Die Prinzessin von Cleve – Die Prinzessin von Montpensier [28]

LE SAGE Die Geschichte des Gil Blas von Santillana [127]

TOCQUEVILLE, ALEXIS DE Der alte Staat und die Revolution [234]

Griechische Literatur und Philosophie

AISCHYLOS Tragödien und Fragmente [213]

ARISTOTELES Texte zur Logik / Griechisch und Deutsch. Elemente der Aristotelischen Logik [220] – Über die Seele [226]

HELIODOR Aithiopika – Die Abenteuer der schönen Chariklea. Ein griechischer Liebesroman [120]

HIPPOKRATES Schriften / Die Anfänge der abendländischen Medizin [108]

HOMER Die Odyssee / Übersetzt in deutsche Prosa von Wolfgang Schadewaldt [29]

PLATON Sämtliche Werke / Herausgegeben von Walter F. Otto, Ernesto Grassi, Gert Plamböck – Band I: Apologie, Kriton, Protagoras, Ion, Hippias II, Charmides, Laches, Euthyphron, Gorgias, Briefe [1] – Band II: Menon, Hippias I, Euthydemos, Menexenos, Kratylos, Lysis, Symposion [14] – Band III: Phaidon, Politeia [27] – Band IV: Phaidros, Parmenides, Theaitetos, Sophistes [39] – Band V: Politikos, Philebos, Timaios, Kritias [47] – Band VI: Nomoi [54]

Italienische Literatur und Philosophie

BRUNO, GIORDANO Heroische Leidenschaften und individuelles Leben [16]

CELLINI, BENVENUTO – sein Leben von ihm selbst geschrieben / Übersetzt und herausgegeben von Goethe [22]

GOLDONI, CARLO Herren im Haus / Viel Lärm in Chiozza. Zwei Komödien [132]

Östliche Literatur und Philosophie

AUROBINDO, SRI Der integrale Yoga [24]

Römische Literatur

CAESAR, C. JULIUS Der Gallische Krieg [175]

CICERO Der Staat [162] – Über die Gesetze [239]

HORAZ Episteln / Lateinisch und Deutsch [144]

MARC AUREL Wege zu sich selbst [181]

SALLUST Die Verschwörung des Catilina / Lateinisch und Deutsch [165]

Russische Literatur

DOSTOJEVSKIJ, F. M. Der ewige Gatte [216]

GORKIJ, MAXIM Volk vor der Revolution / Erzählungen [134]

TOLSTOJ, LEO N. Dramen: Macht der Finsternis / Der lebende Leichnam / Und das Licht scheinet in der Finsternis / Er ist an allem schuld / Bäcker Petrus / Der erste Branntweinbrenner [203]

Spanische Literatur

GRACIAN, BALTASAR Criticón oder Über die allgemeinen Laster des Menschen [2]

Philosophie des Humanismus und der Renaissance

DER UTOPISCHE STAAT – THOMAS MORUS, Utopia / **TOMMASO CAMPANELLA**, Sonnenstaat / **FRANCIS BACON**, Neu-Atlantis / Herausgegeben von Klaus J. Heinisch [68]

Philosophie der Neuzeit

KIERKEGAARD, SÖREN Werke / In neuer Übertragung von Liselotte Richter – Band II: Die Wiederholung / Die Krise und eine Krise im Leben einer Schauspielerin / Mit Erinnerungen an Kierkegaard von Hans Bröchner [81] – Band III: Furcht und Zittern / Mit Erinnerungen an Kierkegaard von Hans Bröchner [89]

MARX, KARL Texte zu Methode und Praxis I: Jugendschriften 1835–1841 [194] – II: Pariser Manuskripte 1844 [209] – III: Der Mensch in Arbeit und Kooperation. Aus den Grundrissen der Kritik der politischen Ökonomie 1857/58 [218]

VICO, GIAMBATTISTA Die neue Wissenschaft über die gemeinschaftliche Natur der Völker [196]

Texte des Sozialismus und Anarchismus

BAKUNIN, MICHAIL – Gott und der Staat und andere Schriften. Hg.: Susanne Hillmann [240]

BERNSTEIN, EDUARD – Die Voraussetzungen des Sozialismus und die Aufgaben der Sozialdemokratie. Hg.: Günter Hillmann [252]

BLANQUI, LOUIS-AUGUSTE – Schriften zur Revolution. Nationalökonomie und Sozialkritik. Hg.: Arno Münster [267]

BUCHARIN, NIKOLAJ IWANOWITSCH – Ökonomik der Transformationsperiode. Hg.: Günter Hillmann [261]

Die Frühsozialisten 1789–1848 II. Hg.: Michael Vester [280]

Die Rätebewegung I u. II. Hg.: Günter Hillmann [277 u. 269]

Die russische Arbeiteropposition. Die Gewerkschaften in der Revolution. Hg.: Gottfried Mergner [291]

● **ENGELS, FRIEDRICH** – Studienausgabe 1 u. 2. Hg.: Hartmut Mehringer und Gottfried Mergner [292 u. 293]

● Studienausgabe 3 u. 4 [295 u. 296 – März 1973]

● **DEBATTE UM ENGELS 1,** Weltanschauung, Naturerkenntnis, Erkenntnistheorie. Hg.: Hartmut Mehringer und Gottfried Mergner [294 – Febr. 1973]

● **DEBATTE UM ENGELS 2,** Philosophie der Tat, Emanzipation, Utopie [297 – April 1973]

Gruppe Internationale Kommunisten Hollands. Grundprinzipien kommunistischer Produktion und Verteilung. Intelligenz im Klassenkampf und andere Schriften. Hg.: Gottfried Mergner [285]

KROPOTKIN, PETER Worte eines Rebellen. Hg.: Dieter Marc Schneider [290]

● **LASSALLE, FERDINAND** – Arbeiterlesebuch und andere Studientexte. Hg.: Wolf Schäfer [289]

LENIN, WLADIMIR ILJITSCH – Für und wider die Bürokratie. Schriften und Briefe 1917–1923. Hg.: Günter Hillmann [246]

LUXEMBURG, ROSA – Schriften zur Theorie der Spontaneität. Hg.: Susanne Hillmann [249]
– Einführung in die Nationalökonomie. Hg. Karl Held [268]

Pariser Kommune 1871 I. Texte von Bakunin, Kropotkin und Lavrov. **II.** Texte von Marx, Engels, Lenin und Trotzki. Hg.: Dieter Marc Schneider [286 u. 287]

PROUDHON, PIERRE-JOSEPH – Bekenntnisse eines Revolutionärs, um zur Geschichtsschreibung der Februarrevolution beizutragen. Hg.: Günter Hillmann [243]

RÜHLE, OTTO – Schriften. Perspektiven einer Revolution in hochindustrialisierten Ländern. Hg.: Gottfried Mergner [255]
– Baupläne für eine neue Gesellschaft. Hg.: Henry Jacoby [288]

STALIN, JOSEF W. – Schriften zur Ideologie der Bürokratisierung. Hg.: Günter Hillmann [258]

TROTZKI, LEO – Schriften zur revolutionären Organisation. Hg.: Hartmut Mehringer [270]
– **Stalin.** Hg.: Hartmut Mehringer. Band I [283]; Band II [284]

WEITLING, WILHELM – Das Evangelium des armen Sünders / Die Menschheit, wie sie ist und wie sie sein sollte. Hg.: Wolf Schäfer [274]

● Neuerscheinungen